轉動校務研究

擘劃未來人才培育

林鴻銘、魏彗娟
主編

序言

臺灣校務研究專業協會（Taiwan Association for Institutional Research，簡稱TAIR）自2016年成立以來，經過黃榮村、廖慶榮和周景揚三位理事長的領導，會務蓬勃發展，會員規模日益壯大。協會舉辦了十多場專業工作坊和研討會，同時每年出版彙集臺灣各大學最新校務研究成果的專書。TAIR透過許多國際交流參訪活動，擴展與國際校務研究組織的對話，包括美國校務研究協會（Association for Institutional Research，簡稱AIR）、海外華人校務交流協會（Overseas Chinese Association for Institutional Research，簡稱OCAIR）以及東南亞校務研究協會（South East Asian Association for Institutional Research，簡稱SEAAIR）。特別是在疫情過後，TAIR也重新開始積極參與國際校務研究會議，持續強化與國際間的聯繫。

《轉動校務研究——擘劃未來人才培育》一書是TAIR本年度的重要出版品，匯集了國內相關研究者的智慧和經驗。書中透過對教職員的工作經驗、組織溝通與團體學習行為、學生入學前後之學習成效、心理健康、專業知能、職涯發展以及學校招生等多元領域議題的探討，分享各校在校務研究領域的寶貴經驗和見解，以提供教育政策制定與學術研究重要的參考價值。本書透過長期的資料收集，揭示了大學生參與社會服務活動對其學習成效的正面影響，同時指出了提升社會關懷意識在人才培育中的重要性，也分析創新教學模式如何激發學生的學習興趣與創造力，並透過個案學校的實證研究，展示了創新教學在提升學習效率與成效上的潛力。此外，本書也從組織行為學的角度，探討疫情期間大專院校如何通過有效的內部溝通策略，建立組織信任，進而促進團隊合作與學習行為的正面發展。最後，本書將從大學招生與畢業生就業的角度，探討大學在當前社會背景下如何進行有效的人才篩選與培養，以及如何評估與提升畢業生的數位能力與就業競爭力。

本書的出版不僅讓不同學校的夥伴們分享他們的研究成果，也為校務研究同仁提供觀摩參考。同時，本書也讓外界更深入了解校務研究的具體內容，為行政管理人員和政策決策者提供參考，真正實踐以證據為本的校務治理。

最後，感謝《轉動校務研究——擘劃未來人才培育》一書中所有作者的研究貢獻，共同為臺灣高等教育和校務研究的發展做出更多的貢獻。

臺灣校務研究專業協會第四屆理事長

林奇宏

導讀

在現代教育領域中，隨著社會變遷及科技的快速發展，如何衡量與提升學習成效日益成為教育研究的核心課題。本專書透過綜合近期對於大學生學習成效影響因素的研究，涵蓋了社會責任、創新教學法、危機溝通策略、學習體驗、招生政策、數位技能與網絡學習態度等多領域，進行分析與論述，為教育政策規劃與學術探討提供豐富的參考。因此，本次專書收錄七篇文章，不僅探討高等教育的重要議題，亦關注學生進入大學前的學習表現與專業訓練的重要性，彰顯校務研究在各教育層級中的重要地位。

專書的開篇著眼於長期數據的深度分析，從 2009 年到 2020 年期間，通過長期追蹤某私立科技大學學生參與服務學習課程的學習表現，研究顯示學生對於社會關注、社會參與、他人關懷與社會公正四大核心理念的認知進步，為教育政策制定與學術研究提供了新視野。緊接著，第二篇文章聚焦於創新教學對大學生學習成效的正面影響，包含自我學習、團隊協作、溝通、問題解決及批判思考等關鍵能力的增強。透過創新教學策略的實施與學習成效數據的收集，為未來的教育政策與學術研究提供更明確的策略。此外，學生入學前的學習經歷與其學習期望對學業成就的關聯也逐漸成為研究焦點。深入了解學生在學習基礎、能力、環境及期望等方面的現狀，將有助於制定更有效的教學策略和人才培養計劃。

本專書同時關注大學生職業發展的議題，探討大學畢業生數位技能對就業競爭力的影響，並依據 DigComp 框架，提供評估大學畢業生數位技能的系統化方法。該研究不僅為教育機構培育學生迎接數位化挑戰提供了實證基礎，亦對政策制定者與教育實踐者在擬定教育策略與課程設計提出具體建議。最後，本專書亦探討招生專業化及如何精準招生，這是各大學極為關注的議題。研究利用統計分析、機器學習與人工智慧等多元分析技術，整合學校內外資訊，針對招生策略提出有效的決策建議。特別在面對少子化的挑戰下，強調系統性整合學生學習軌跡，營造以學生為中心的全面學習環境，以促進學生的個性化發展與就業能力增強。期望學校能精準分析學生資料，提供量身訂製的教學與輔導策略，實現教育資源最佳化。

總結而言，本專書收錄的七篇獨立但相關聯的文章，作者從多元角度出發，透過實證研究探討教育現場所面臨的問題與挑戰，進一步提出針對性的改進與未來發展建議。期盼本書能為讀者提供對於教育研究多元面向的深入理解，並激勵更多教育研究者探索與實踐新的思維與行動。

臺灣校務研究專業協會第四屆副理事長

林世昌

目次

大學生社會關懷學習成效相關影響因子初探：2009至2020年重複橫斷面資料之分析

明新學校財團法人明新科技大學行銷與流通管理系
邱筱琪

明新學校財團法人明新科技大學企業管理系
池伯尉

長庚學校財團法人長庚科技大學化妝品應用系
林鴻銘

壹、緒論

目前國際公認，大學推動永續發展最具指標意義的文件《關於高等教育公民角色和社會責任的塔樂禮宣言》（Talloires Declaration on the Civic Roles and Social Responsibilities of Higher Education）中，指出「高等教育機構的存在是為了服務和加強所屬的社會。……大學有責任培養教職員工和學生的社會責任感和對社會公益的承諾，我們相信這是民主和公義社會成功的核心。」。雖然傳統大學主要之核心任務含括了教學、研究與社會服務三大目標，但長期偏重於教學與研究的氛圍，致使大學與社會保持一定距離，成為學術的象牙塔（吳清山，2011；Hazelkorn, 2009）。據此，如何將大學的學術能量從象牙塔中釋放出來，成為了備受關注的議題。

教育部對大學生投入社會關懷的倡導與努力，具體可追溯自2007年所開始的一系列服務學習課程方案沿革。期望大專校院能夠透過服務學習課程，有效結合「社區服務」與「學術課程」，在以學生為學習主體的翻轉學習（flipped learning）教學模式下，提供學生主動參與社區服務實作的機會，並透過與教師及同儕間各類反思活動及分享服務經驗，培養大學生的公民意識與社會責任感（李育齊、劉若蘭，2016）。歷經約10年的政策引導與推動後，部分學校將勞作教育課程視為服務學習衍伸課程、規劃零學分必修之課程設計，以及專責單位人力配置不足，導致課程實施品質較為低落等所引發的爭議逐漸浮現，使得服務學習課程之存廢與價值引起社會之關注（林昆翰等，2020；劉若蘭，2013，2018）。

為持續鼓勵師生願意關懷並實踐社會責任，我國教育部於2017年開始試辦大學社會責任實踐計畫（University Social Responsibility，後稱USR計畫），並自2018年起將社會責任列為學校校務發展重點項目（楊正誠，2019）。其後，隨著社會各界開始重視大學的社會責任、服務學習課程自「教育部獎勵補助私立技職校院整體發展經費核配及申請要點」的政策推動績效移除（教育部，2018b），以及2020年廢止「教育部鼓勵技專校院開設勞作教育及服務學習課程實施要點」，過往以服務學習課程做為主要推動大學關懷社會之模式，已逐漸被USR計畫所取代。然而，在同樣強調「以學生為學習主體」以及「鼓勵教師帶領學生在真實世界的問題中具體操作與實踐」的精神下，我們是否能從過往服務學習的執行經驗，得到提升學生於USR計畫學習成效的可行做法，這是本研究之主要動機。

基本上，本研究是一個探索性研究，而非基於特定的理論觀點欲檢定特定的研究假設。本文以北部某私立科技大學（後稱個案學校）2009年（97學年度下學期）至2020年（109學年度上學期）修習服務學習課程之日間部四技學生為研究對象，具體之研究目的有二：

（一）觀察在這十餘年來社會變遷的過程中，個案學校大學生對於社會關懷（包含社會事務、社會參與、關懷他人，與社會正義四個核心概念）程度的演變。

（二）探討影響學生們於服務學習課程後，社會關懷學習成效之相關影響因子，據以做為提升USR計畫執行成效之借鏡。

貳、文獻回顧

一、服務學習課程型態對學生學習動機與成效之影響

與一般不以獲取報酬為目的，個人自發性的將知識、體能、勞力、經驗、技術、時間等貢獻於社會的志願服務不同。參與服務學習課程的學生們，多數係因配合學校課程而產生的非自願性服務，因此在制度推動之初即面臨許多質疑，[1]亦引發了學者們的研究興趣。加上國內各校開設結合服務學習課程的型態多元，不禁令人好奇，學生們對參與不同型態服務學習課程的偏好，以及在學習動機與成效上是否存在明顯的差異。

林慧貞（2006）以問卷調查的方式，瞭解國內大學生對服務學習之看法及參與意願。研究結果顯示，大學生偏好的服務學習時間分配型態，是一次或短期的服務學習。在結合課程形式方面，多數學生認為，服務課程適宜開設在大一階段，或與通識課程連結。

楊舒婷（2010）則係以及北部某科技大學校98學年度上學期所有修習服務學習課程的1,289位學生為研究對象。與前者不同的是在研究設計上，作者係以準實驗研究之方式進行，並以公民態度與技

[1] 以胡憶蓓（2015）分享靜宜大學服務學習課程之推動經驗為例，作者指出，該校推動服務學習課程之初期，不僅校內教授質疑服務學習列為必修之正當性，亦受學生之強烈反彈。

能量表衡量學生之學習成效。其中，參與服務學習課程且全程參與服務學習活動之學生為實驗組（共780人），而修習服務學習課程但並未參與任一服務學習活動之學生則為對照組（共509人）。課程型態之區分上，作者除了專業課程與通識課程之區分外，尚加入了必修與選修之課程性質。研究結果顯示，通識課程學生之學習成效優於專業課程，而選修課程學生之學習成效優於必修課程。作者指出，由於選修課得由學生自主意願選擇，因此可能在學習動機方面優於必修課程且自我期待較高，故學習成效較佳。

鑒於過往文獻指出，學生參與之課程型態可能影響了學生的學習動機，進而影響學生之學習成效。林玫君（2015）進一步的將研究範圍擴大至全國大學生，並探討自我肯定及自我效能於服務學習參與動機與社會承諾關係間之中介效果。文中作者透過分層隨機抽樣抽出全台41所大專校院與符合研究主旨之樣本後，以國內大學部一至四年級1,003位大學生為對象，探討學生在校訂必修、校內選修與學校社團三類不同的服務學習課程參與動機，與其社會承諾之關係。[2]研究結果顯示：（1）社團服務學習參與動機對社會承諾的影響，受自我肯定、自我效能二因子完全中介。社團服務學習參與動機對自我肯定及自我效能均具有正向顯著的影響；（2）選修服務學習參與動機對社會承諾的影響，主要受自我肯定的中介效果影響。校內選修服務學習參與動機與自我肯定達顯著正向的預測關係，但與自我效能未達顯著；（3）必修服務學習參與動機與自我肯定、自我效能二因子中介變項皆未達顯著關聯。顯示，不同服務學習課程型態之參與動機對自我肯定、自我效能之影響效果不一，進而將影響學生之社會承諾。

李偉雄等人（2018）則係以南部公私立大專校院的560位在學

[2] 文中社會承諾之題項包含：「我會主動關心周遭的事情」、「我願意利用時間去幫助需要的人」、「我能在日常生活中表達關懷的行為」與「貢獻我的技能會讓社會更美好」等4題。

大學生為樣本，探討大學生參與服務學習之反思與公民投入（包含：公民態度及公民參與）之關聯性。文中作者們依教育部大專課程服務學習方案之標準分類，將服務學習類型分為校訂必修勞作服務、通識課程、專業課程、校外志願服務，與社團服務學習五類。主要結果顯示，在納入自我肯定及反思效應後，不管服務學習以什麼形式進行，對公民態度的影響均沒有差異，亦即大學生參與服務學習對公民態度的影響，不在於形式，而是在於自我肯定及反思部分是否落實執行及實踐。其次，在公民參與的部分，自我肯定及反思實踐仍是重要因素，但與公民態度不同之處在於，若服務學習以專業課程形式推動，比必修課程來得對公民參與更具影響力。亦即，學生若能以習得的專業知識應用於社區服務中，更能增強其成就感及價值感，藉此促進其日後投入公民參與之行動。

二、環境支持與過往經驗對學生服務學習課程學習成效之影響

除了課程型態可能影響了學生們的參與態度或學習動機，以致於產生學習成效上的差異外，不同的學生亦可能因家人或同儕支持，以及個人特質的緣故，在面對不同的環境時，產生不同的行為與因應模式，進而產生學習成效之差異。例如：丁姵元等（2022）針對深度投入大學服務學習的二十二家服務機構進行訪談，從服務機構的角度討論其參與經驗。研究指出，實務上，學生動機和能力不足、對機構缺乏尊重的態度，以及服務機構的資源與權限不足，為服務機構端所面臨最主要的挑戰。而在面對挑戰之解決方式的部分，研究結果顯示，授權學生自主規劃服務以及利用同儕間的影響力，為帶動學生們願意在服務活動中有更多的投入的有效方法。

最後，鑒於實務上透過長期的學習，較能協助學生達到對於學習事物價值的澄清與內化，部分研究亦針對學生們過往參與志願服

務的經驗，及參與服務學習的時間長短，對學習成效產生之影響進行分析。張同廟（2011b）分享自身教授融入服務學習理念之專業與通識課程經驗即指出，常聽聞學生表示「原先不是那麼喜歡這種服務方式，可是當服務完後，自己覺得收穫很多，也很有成就感，讓自己知道許多以前沒有做過的事。」。李偉雄等人（2018）以南部公私立大專校院學生為樣本所進行之分析結果亦顯示，大學生參與服務學習的時間顯著正向的影響其公民參與，亦即，大學生參與服務學習的時間愈多，其公民參與亦愈多。

綜觀過往服務學習課程之文獻，顯示學生參與之課程類型、家人或同儕支持，以及自身之學習經驗，均對其參與服務學習課程之學習成效具顯著之影響。然而，由於資料收集不易，目前的研究成果中，多數仍係以單一學期課程所收集之課程後問卷進行分析。在無法有效控制學生們課前狀態的情況下，將可能導致估計的迴歸為偏誤估計式，影響統計推論。新一期的USR計畫已與第二期的高教深耕計畫一同展開新的開始，針對過往服務學習課程學生面之分析，不僅是重要的學術課題，同時也是未來教育政策規劃介入方案的重要依據。據此，本研究嘗試利用個案學校所收集之多年期資料對服務學習課程學習成效進行探究，提供初步之實證資料依據。

參、研究方法

一、個案學校背景介紹

本研究探討之個案學校位於北部縣市，主要科系以理工為主，並設有管理學院、服務產業學院與人文設計學院。符應教育部2007年公佈「大專校院服務學習方案」之政策方向，個案學校自2008年起推動全校服務學習課程，並通過相對應之服務學習方案實施要點。個案學校的服務學習方案實施要點中，將服務學習課程之開課模式分為「倫理相關課程」及「其他專業課程」二大類。其中，「倫理相關課程」係以結合各學院必修倫理課程之方式開設，包含：半導體與工程學院之工程倫理、管理學院之企業倫理，以及服務產業學院與人文與設計學院之專業倫理；「其他專業課程」則係廣邀各系所（教學中心），有意於既有之必修或選修專業課程中融入服務學習理念之教師共同加入，當中包含了非倫理之專業課程與通識課程。

學生於個案學校修習服務學習課程期間，除了融入服務學習概念之課程內容外，尚需至與專業所學相關之校外機構服務，每位學生至少服務6小時（1學分）或12小時（2學分以上）。個案學校服務學習課程架構圖如下圖1所示。

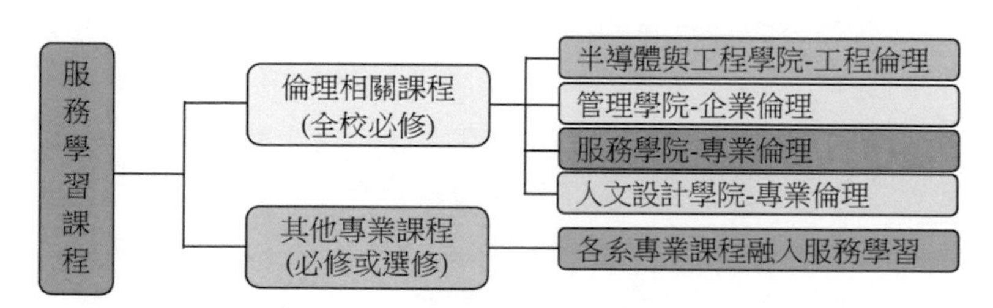

圖1　個案學校服務學習課程架構圖

二、資料來源

本研究收集的資料來源包含兩大部分：第一部分為個案學校2009年（97學年度下學期）至2020年（109學年度上學期），各學期開設服務學習課程時所收集之自編社會關懷前／後測問卷。

問卷中之社會關懷量表旨在測驗個案學校學生修習服務學習

課程前／後，對社會問題關心、瞭解及參與程度的發展及改變。測驗量表內容主要參考Eyler與Giles（1999）於「Where's the learning in service-learning」所編製之量表，並參考鄭慧蘭（2001）與蘇雅君（2002）所編訂之「社會關懷量表」進行編修。量表內容包括社會事務、關懷他人、社會參與、以及社會正義四個核心概念，全量表共十八題。量表採李克特氏（Likert）五點式量表，由受訪者依題目所陳述之內容，表達自己心中的看法及感覺，在「非常同意」、「同意」、「普通」、「不同意」、「非常不同意」五個選項中選填一個最適當的答案。在計分方面，正向題目在「非常同意」、「同意」、「普通」、「不同意」、「非常不同意」五個選項中，得分依次5分至1分；反向題目則依次為1分至5分。各核心概念所包含之題目如表1所示。針對量表之信度分析檢驗結果，本研究逐學期針對量表進行信度分析，前測問卷量表信度分析檢驗結果，Cronbach's α 值介於0.823~0.871；後測問卷量表信度分析檢驗結果，Cronbach's α 值介於0.772~0.879。

第二部分則是對應問卷資料中學生入學年度之歷年開課資訊、去識別化之學生學籍資料。為了保障資料分析中之個別資料的安全性，本研究所分析之每一筆資料，於資料分析前均已由個案學校之圖書資訊處執行去識別化與去特徵化處理，並將個案學校所有學生的學號進行加密。研究過程所使用之每筆分析資料，不包含任何可供辨識學生個人身份之資料。

表1　社會關懷量表各核心概念所包含之題項

核心概念	題項
社會事務	1. 我常與朋友討論政治或社會議題。 7. 我每日讀報或看新聞。 11. 社會問題比我想像的難解決。（反向題） 12. 地方或社區問題與我個人生活關係不大。（反向題） 13. 社會問題會直接影響到我個人的生活。

核心概念	題項
社會參與	2. 我關心地方及國家事情。 10. 每個人都應參與地方或社區的公共事務。 15. 我樂於參加學校活動。 16. 我樂於參加社會公益活動。
關懷他人	3. 看到不對的事，我會設法制止它的發生。 6. 我會關心身邊的人、事、物。 9. 關懷弱勢族群是每一個人的責任。 14. 遭遇不幸的人是他自己造成的。（反向題） 17. 同學違反校規，我會主動加以勸告。
社會正義	4. 政府機關或社區應給予弱勢團體（如孤兒、老人、殘障人士等）更多福利及幫助。 5. 我能盡一己之力增進社會弱勢族群的福祉。 8. 對於需要幫助的人，應提供其謀生技能。 18. 幫助人是很值得的事。

三、研究方法

本研究主要之目的有二，一是觀察這十餘年來社會變遷的過程中，個案學校之大學生對於社會關懷程度趨勢的演變；其次則是探討社會關懷學習成效之相關影響因子。茲將上述各部分的所使用之統計方法分述如下。

得利於個案學校所收集之整體資料樣本數與時間跨度夠大，且長期於前／後測問卷中針對同一量表進行收集。使得本研究得以透過串連不同年次的調查資料，得到重複橫斷面資料（repeated cross-sectional data）進行跨時分析，據以觀察這十餘年來，接受服務學習課程前，個案學校學生對於社會關懷程度的演變。本研究在將資料中之前測問卷依學年學期進行串接後，分別依據量表中社會事務、關懷他人、社會參與、以及社會正義四個核心概念，計算每位學生於各核心概念之平均得分，進而計算個案學校歷年之總體平均，並針對上述四核心概念之歷年趨勢進行觀察。

本文第二部分欲探究之問題則是學生社會關懷學習成效之影

響因子。延續第一部分之趨勢分析，本文同以量表中，社會事務、關懷他人、社會參與、以及社會正義四個核心概念，做為本研究分析學生社會關懷學習成效之被解釋變數。值得一提的是，一般分析前、後測之研究方法包含進步分數（gain scores，或稱simple change model）與殘餘改變分數（residualized change score）兩種。二者主要之差異在於，前者所探討之問題為特定特徵下，平均分數的改變是否存在差異（例如：男女生於接受服務學習課程後，對關懷他人的平均分數是否有改變？）；後者則係觀察當控制了一開始的經驗之後，相對於基準組，其他特徵的改變是否更多（例如：當控制了一開始的經驗之後，相對於女生，男生在接受服務學習課程後，對關懷他人的分數是否較高？）。

鑒於本研究欲探究之問題為學生學習成效之影響因子，據此，此部分之分析本研究以殘餘改變分數之方式進行，迴歸模型之設定如下：

$$Post\_test\_score_i = \beta_0 + \beta_1\, Pre\_test\_score_i + \beta_2\, X_i + \varepsilon_i$$

式中，$Post_test_score_i$為學生i於社會事務、關懷他人、社會參與、以及社會正義四個核心概念之後測得分、$Post_test_score_i$為學生i之前測得分、β_0為常數項、β_1與β_2為解釋變數的預估參數向量，X_i為學生i之特徵向量（包含：性別、是否曾有過志工服務經驗、修課年級、課程選別、課程開課模式、修課人數、班級之前測平均得分，以及時間變數），[3] ε_i為殘差項。

[3] 本文所設定之時間變數，主要係依據服務學習課程發展之三階段進行設定，以虛擬變數之方式共分為三組，第一組為開課時間介於97學年度下學期至99學年度上學期；第二組為開課時間介於99學年度下學期至106學年度上學期；第三組則係開課時間為106學年度下學期至109學年度上學期，並以時間最早的97學年度下學期至99學年度上學期為基準組。

肆、研究結果

一、敘述統計

本文將樣本之敘述統計資料呈現於表2。在整體分析樣本中，男女之比例約各佔50％；學生修習課程之年級以三年級為最多佔44.32％，一、二年級次之，各約佔22％，四年級之比例最低僅佔11.89％。整體學生中，曾有志工服務經驗的學生比例為45％。

在課程選別的部分，整體學生主要仍是以修習必修課程的比例為高，佔80.12％，修習選修課程之比例則佔19.88％。學生們修習之課程模式以服務學習融入倫理課程的比例為最多佔65.96％，此亦為個案學校主要之開課模式。其次則為服務學習融入專業課程，佔26.24％，修習服務學習融入通識課程之比例最低，僅佔7.8％。學生就讀科系所屬領域的部分，理工領域約佔37.86％，人文社會領域則佔62.14％。最後，在課程開課人數的部分，學生們修習課程時，所在之班級規模人數以50至60人為最多約佔50％，40人至50人次之約佔26％，40人以下僅佔8.15％。

表2　樣本敘述統計

變項	類別	人數	百分比
性別	女	6,300	50.59
	男	6,152	49.41
修課年級	一年級	2,662	21.38
	二年級	2,790	22.41
	三年級	5,519	44.32
	四年級	1,481	11.89
是否曾有志工服務經驗	無	6,782	54.47
	有	5,670	45.53

變項	類別	人數	百分比
課程選別	選修	2,475	19.88
	必修	9,977	80.12
服務學習融入課程	倫理課程	8,213	65.96
	通識課程	971	7.8
	專業課程	3,268	26.24
學生就讀領域	理工領域	4,714	37.86
	人文社會領域	7,738	62.14
課程開課人數	40人以下	1,015	8.15
	40人至50人	3,346	26.87
	50至60人	6,421	51.57
	60人以上	1,670	13.41
總樣本數		12,452	

二、學生對於社會關懷之趨勢分析

本文將個案學校學生們於課前對社會事務、社會參與、關懷他人、以及社會正義四個核心概念之平均分數呈現於圖2，用以瞭解個案學校的學生們社會關懷各核心概念隨時間變化之過程。

由圖2可見，即便資料收集期間歷經約10年，學生們於課前對社會事務、關懷他人、社會參與、以及社會正義四個核心概念隨時間變化之趨勢均相當穩定，各學期各核心概念之波動幅度均不超過0.2分。此外，四個核心概念間平均分數的排序亦相當穩定，歷年均呈現由低至高分別為社會事務、社會參與、關懷他人，與社會正義之順序。顯示對於個案學校來說，如何透過課程安排增進學生們對於社會事務的關心，為強化學生們社會關懷程度的首要工作。

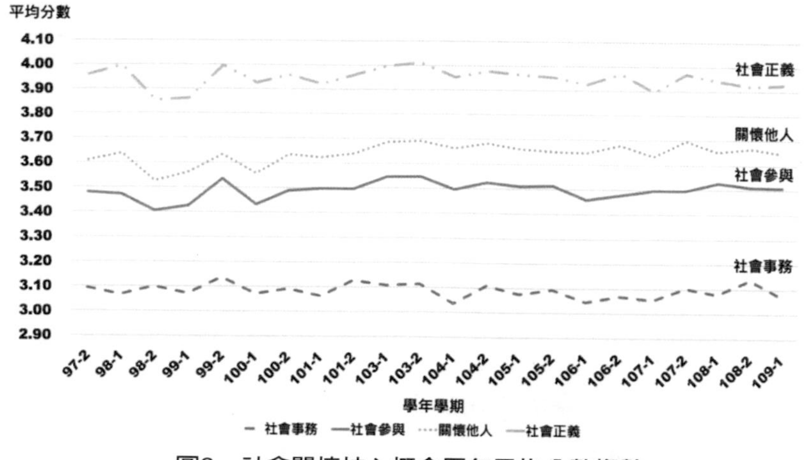

圖2　社會關懷核心概念歷年平均分數趨勢

三、實證分析

（一）服務學習課程前後學生社會關懷平均分數比較－成對樣本t檢定

表4所呈現的是個案學校學生課程前後，社會關懷量表各核心概念之平均分數比較。分析結果顯示，個案學校的學生們在社會關懷四個核心概念平均分數之排序，由低至高分別為社會事務、社會參與、關懷他人，與社會正義。進一步以成對樣本t檢定分析，結果顯示，服務學習課程後，學生於社會關懷之四個核心概念之平均分數，均有顯著的提升。值得一提的是，觀察學生們後測之平均分數可以發現，在排序上依舊呈現由低至高分別為社會事務、社會參與、關懷他人，與社會正義之順序。

表4　課程前後學生社會關懷平均分數比較_成對樣本t檢定

	前測 N＝12,452		後測 N＝12,452		平均差 後測－前測	t值
	平均數	標準差	平均數	標準差		
社會事務	3.08	0.42	3.14	0.43	0.05	12.75***
社會參與	3.50	0.56	3.59	0.57	0.08	16.55***
關懷他人	3.66	0.47	3.69	0.48	0.03	7.27***
社會正義	3.96	0.56	3.99	0.57	0.03	5.06***

註：* $p < .1$ ** $p < .05$ *** $p < .01$

（二）學生社會關懷學習成效相關影響因子－迴歸分析

本研究將迴歸模型之分析結果呈現於表5。其中，在模型1至模型4的迴歸式中，本研究均放入時間之虛擬變量，據以控制特殊年份或時期對於結果之影響。模型1至模型4中，自變項VIF之最大值分別為2.97、2.85、2.85、2.85，顯示各模型中的自變項間不具明顯之共線性問題。

1. 學生們之課前經驗，與其課程後之學習成效有關

首先由表5可見，以社會事務、社會參與、關懷他人，與社會正義四個核心概念為被解釋變數的迴歸式中，學生們的前測結果均顯著為正。表示學生們對於社會關懷各核心概念的認同程度，明顯的與其課程後之學習成效有關，且學生們於課前對社會關懷各核心概念的認同程度越高，其課程後之學習成效亦越高。這樣的結果顯示，僅以課後問卷衡量學生學習成效的分析方式，可能因誤差項中包括學生們於課前之狀態差異，導致估計的迴歸為偏誤估計式，影響統計推論。

學生們之課前經驗對其學習成效之影響，亦同樣的反應於過往是否曾有志工服務經驗的變項上。由表5可見，相對於沒有志工服務經驗的學生，過往曾有志工服務經驗的學生們，明顯的在課

程後，對於社會事務、社會參與、關懷他人，以及社會正義的認同程度較高。此與張同廟（2011b）以及李偉雄等人（2018）之研究相符，可能反應了透過長期的學習，較能協助學生們達到對於學習事物價值的澄清與內化，進而強化學生們對社會之關懷。而這樣的結果亦呼應了近年教育部針對USR計畫的推動，期望修正過往服務學習課程學生往往僅有短時間參與服務的政策方向（教育部，2019）。

2. 男生對社會議題的關心程度較高，女生對社會的關懷則反應於對周遭關懷的行動

在男女生對於社會事務、社會參與、關懷他人、社會正義，以及社會關懷學習成效差異的部分。由表5可見模型1至模型4的分析結果顯示，男生在社會事務及社會參與兩核心概念的認同程度較高，女生則係在關懷他人與社會正義兩核心概念的認同程度較高。亦即，對於社會關懷的學習，男女生具有核心概念上的差異，男生明顯對於社會議題（例如：常與朋友討論政治或社會議題、關心地方及國家事情、應參與地方或社區的公共事務）的關心程度較女生為高，女生對社會的關懷則主要反應於對周遭關懷的行動上（例如：盡一己之力增進社會弱勢族群的福祉、關懷弱勢族群、關心身邊的人、事、物）。

3. 相對於一年級，高年級修課之學習成效較佳

在修課年級的部分，分析結果顯示，在四年級時實施服務學習課程，學生們對社會事務、社會參與的認同程度較高。此外，在社會正義的部分，分析結果亦顯示，相對於一年級，於二年級或三年級實施服務學習相關課程，學生們的學習成效較佳。可能的解釋是，在低年級推展服務學習，由於學生們對專業領域的學習並不熟稔，進而侷限了專業服務的可能性，使得服務學習趨向於基礎型服

務或勞作教育，影響了學生們的投入意願與學習成效（賴光真，2013）。

4. 相對於人文社會領域，理工領域學生對社會事務及關懷他人的認同程度較低

本文將學生們依就讀的學系分為理工領域（包含半導體及工程學院）及人文社會領域（包含管理、服務產業及人文與設計學院）兩類。分析結果顯示，相對於人文社會領域的學生，理工領域的學生們對社會事務（模型1）及關懷他人（模型3）的認同程度顯著較低，社會參與和社會正義兩核心概念的符號為負但未達顯著水準。亦即，理工領域的學生們可能相對較為缺乏對於社會議題、周遭他人的關注。亦反應了我國教育部近年積極鼓勵人社學科領域和理工醫農領域進行跨域整合（例如：教育部辦理補助人文社會與科技前瞻人才培育計畫），據以協助理工人才不只是聚焦於技術精進，同時具有人文的思考協助與價值引領之重要性。

5. 服務學習融入選修課程的授課方式，有助於增進學生對於社會議題的關注

在課程選別部分，分析結果顯示，相對於必修課程，以選修課程融入服務學習的授課方式，學生於課程後對社會事務（模型1）的認同程度顯著較高，但在社會參與、關懷他人、社會正義等核心概念上，雖然符號為負卻均未達顯著水準。可能表示，選修課得由學生自主意願選擇，因此確實增進了學生們對於社會議題的關注，然而，學生們對周遭的關懷的行動，與課程之形式較無明顯之關係。

6. 服務學習融入通識課程的授課方式，有助於增進學生對於社會參與、關懷他人，與社會正義的學習

本文將個案學校融入服務學習課程之課程模式分為倫理課程、專業課程，與通識課程三大類，並以倫理課程為基準組進行比較。研究結果顯示，服務學習融入通識課程的方式，學生們顯著的在社會參與、關懷他人，與社會正義（模型2至模型4）認同程度較倫理相關課程與專業課程為高，此與楊舒婷（2010）之結果相呼應。與前相對，本文之分析結果發現，服務學習融入專業課程的方式，學生於課程後對社會事務、關懷他人，與社會正義（模型1、模型3與模型4）認同程度均顯著較倫理課程為低。可能的原因為，倫理課程之主題較為鮮明，於課程中主要係協助學生們了解可能於職場上遭遇到的倫理議題與困境，並尋求正確的解決辦法，與社會事務、關懷他人、社會正義之對應關係較為明確；反觀以服務學習融入專業課程的方式，課程範圍相對發散（例如：離散數學、運動觀光企劃、行銷管理等），增進學生能力的核心概念可能不盡相同，進而在特定核心概念上顯得成效較為低落。

7. 60人以下的開課規模，對增進學生社會事務與關懷他人的學習成效有正面的助益

本文亦於分析中加入各課程班級之修課人數，期望能對最適之開課規模有一初步之瞭解。迴歸之分析結果顯示，在以修課人數60人以上之班級為基準組的情況下，40人以下、40人至50人，及50至60人之開課規模，在社會事務與關懷他人之估計係數成一致性遞減之情況，且在40人以下及50至60人之開課規模中達統計之顯著水準。顯示60人以下的開課規模，對增進學生社會事務與關懷他人的學習成效有正面的助益。

8. 課程前之班級氛圍，對課程後學生之學習成效具顯著之正向影響

最後，得利於本文所使用之資料係由多年期之前／後測問卷所組成。因此可排除一般橫斷面資料為同一時間點測量，導致對於同儕效果之觀察具有內生性的問題。本文透過計算前測問卷中各課程班級各核心概念之平均得分，觀察同儕效果對學生學習成效之影響。分析結果顯示，課程前班級氛圍中對於社會事務、社會參與、關懷他人，以及社會正義的認同程度越高，對課程後學生的認同程度具顯著之正向影響，顯示同儕間相互影響的效應對於服務學習成效之重要性。亦呼應丁姵元等（2022）指出，針對學習動機較為低落的學生，利用同儕間的影響力，為帶動學生們願意在服務活動中有更多的投入的有效方法。

綜合表5之分析結果，顯示學生之性別、過去是否有過志工服務經驗、參與課程之年級、就讀學系之領域別、服務學習課程之開課模式，以及班級之同儕效應，均可能對社會關懷之學習成效形成影響。然而，在社會關懷不同之核心概念間，或多或少存在影響因子的差異，據此提升學生對於社會之關懷，仍需仰賴教師瞭解不同核心概念間學生之需求，循序漸進之設定改進目標。

表5　社會關懷與各核心概念OLS估計結果

被解釋變數	模型1–社會事務		模型2–社會參與		模型3–關懷他人		模型4–社會正義	
	係數	標準誤	係數	標準誤	係數	標準誤	係數	標準誤
常數項	1.477	0.170***	1.346	0.153***	1.361	0.149***	1.173	0.159***
前測分數	0.405	0.008***	0.523	0.008***	0.523	0.008***	0.506	0.008***
性別（男＝1）	0.038	0.010***	0.035	0.012***	-0.034	0.010***	-0.037	0.013***
是否曾有志工服務經驗（有＝1）	0.017	0.008**	0.041	0.009***	0.026	0.008***	0.038	0.009***
一年級（基準組）								
二年級	0.003	0.011	-0.003	0.014	-0.015	0.012	0.024	0.014*
三年級	0.016	0.010	0.006	0.013	0.005	0.011	0.036	0.013***
四年級	0.032	0.015**	0.036	0.018***	-0.024	0.015	0.016	0.019
人文社會領域（基準組）								
理工領域	-0.021	0.011**	-0.012	0.014	-0.023	0.012**	-0.012	0.015
課程選別（必修＝1）	-0.045	0.013***	-0.010	0.017	-0.012	0.014	-0.009	0.017
服務學習融入倫理課程（基準組）								
服務學習融入通識課程	0.018	0.015	0.039	0.019**	0.031	0.016**	0.040	0.019**
服務學習融入專業課程	-0.042	0.013***	0.003	0.017	-0.031	0.014**	-0.042	0.017**
課程開課人數–60人以上（基準組）								
課程開課人數–40人以下	0.047	0.018***	-0.030	0.022	0.039	0.019**	0.021	0.022
課程開課人數–40人至50人	0.013	0.014	-0.018	0.017	0.020	0.014	0.003	0.017
課程開課人數–50至60人	0.035	0.012***	0.000	0.015	0.029	0.013**	0.008	0.015
課程班級前測平均分數（同儕效果）	0.130	0.057**	0.110	0.044**	0.110	0.041***	0.199	0.040***

被解釋變數	模型1–社會事務		模型2–社會參與		模型3–關懷他人		模型4–社會正義	
	係數	標準誤	係數	標準誤	係數	標準誤	係數	標準誤
樣本數	12,452		12,452		12,452		12,452	
R-squared	0.1707		0.2804		0.2862		0.2738	
F值	159.96		302.87		311.68		293.03	
VIF	2.13		2.16		2.16		2.16	

註：上列迴歸式中均以控制時間變數。 *表示在10%之顯著水準下顯著；**表示在5%之顯著水準下顯著；***表示在1%之顯著水準下顯著。

伍、結論與建議

一、研究結論

綜觀我國推動大學生社會實踐之政策沿革可以發現，面對過往種種因個人、學校或社會環境等因素所造成的教育問題。我國教育部期望透過政策引導與計畫補助，協助各大學能夠重新關注在地需求，學生能夠於就學時期就接觸地方議題，並進而結合實務運用其所學，降低學用落差。

近年在大學社會責任議題的發酵下，過往服務學習課程的推動已逐漸被USR計畫所取代。時至今日，USR計畫亦歷經了示範期（2017年）、第一期（2018年至2019年）、第二期（2020年至2022年），並隨著第二期的高教深耕計畫展開新的開始。然而，是否能從過往服務學習的推動經驗中找到強化USR計畫執行成效之借鏡，為本研究之主要目的。

本文之主要研究貢獻有二。首先，這是第一次利用校級多年期資料對學生們社會關懷學習成效進行探討的研究，資料的使用除了課程中所收集之問卷調查外，亦同時串接了數套個案學校之行政資料，例如：歷年開課資訊、學生學籍資料。在資料的組成結構下，使得本研究之分析得以觀察開課類型，與班級修課人數等變項對學生學習成效之影響。而本研究用於分析之樣本約有1萬2千人，相對過去研究使用的資料樣本數多在1千人以下，將使估計結果更具有代表性。

其次，由於大型問卷資料收集不易，過去探討服務學習成效之研究，多數係以學生修習服務學習課程結束後，所收集之課程問卷進行分析（張同廟等，2010；張同廟，2011a、b；楊上萱，2012；林玫君，2015；李偉雄等，2018；張同廟，2018；葉雯霞、謝佩妤與李育諭，2019）。在僅有課程後問卷的情況下，往往使得學生們於課前之經驗與狀態於分析時沒有辦法得到很好的控制，進而影響統計推論。本文所使用之資料相較於傳統橫斷面資料最大的優勢在於，整體資料係由多年期之前／後測問卷所組成，因此可利用前測問卷之結果控制學生們之課前狀態，並透過計算前測問卷中各課程班級之社會關懷特徵，觀察班級氛圍對於學生學習成效之影響。[4]

本文之研究結果顯示，整體而言，透過服務學習課程的介入，確實提升了個案學校學生對於社會關懷之程度。進一步觀察學生們於課前對社會事務、關懷他人、社會參與、以及社會正義四個核心概念隨時間變化之趨勢，結果顯示各核心概念之趨勢均相當穩定。本文亦發現，四個核心概念間平均分數的排序，不論是在課程實施前之前測、實施後之後測，以及歷年趨勢，均呈現由低至高分別為社會事務、社會參與、關懷他人，社會正義之順序。顯示對於個案學校來說，如何透過課程安排增進學生們對於社會事務的關心進而參與其中，為未來持續強化學生們社會關懷程度的首要工作。此外，本文之研究結果顯示，依社會關懷核心概念之不同，將存在影響因子的差異，亦即提升學生對於社會之關懷，可能不存在一蹴可幾的方法，仍需仰賴教師瞭解不同核心概念間學生之需求，循序漸進之設定改進目標。

二、研究建議

雖然本文之分析主要係以個案學校之服務學習課程為主，但在分析結果中仍有部分之共同影響因子，是可以做為未來USR計畫的課程推動參考。首先，本文之研究結果顯示，相對於一年級，於高

---

[4] 鄭皓駿與陳婉琪（2017）指出，一般的橫斷面資料由於是在同一時間點上所收集，因此同儕與個人兩者間的關係，可能相互影響且互為因果，形成統計上內生性（endogeneity）的問題。

年級介入課程對於學生之學習成效具顯著之影響。據此，思考重置課程實施的年級，做為增進學生社會關懷學習成效的方法，或許是可行的做法之一。如果將課程置於較高年級，學生們在接受過校內專業課程之培育後，不僅較容易執行具有專業取向的課程內容，對於學生即將跨入職場，亦可發揮類似實習的銜接效果，並符合目前既定之USR政策方向。

其次，本文之實證結果顯示，學生們之學習成效亦將因課程規劃而存在差異，例如：對個案學校而言，融入通識課程的授課方式，有助於增進學生對於社會參與、關懷他人，與社會正義的學習。然而，上述的結果顯然與現行USR計畫之徵件規範（以開設專業課程為主要之人才培育機制）有所不同。因此，建議未來進行課程規劃時，或許可先行針對學生對社會關懷學習成效之影響因子進行研討，以事證為本，進行最佳化的課程規劃，推升學生的社會關懷力。

第三，相對於人文社會領域的學生，理工領域的學生們對社會事務及關懷他人的認同程度顯著較低。因此針對USR計畫課程之強化，籌劃跨學科課程，據以協助理工人才不只是聚焦於技術精進，而人文社會領域學生亦得以了解科技之發展趨勢與特徵，進而產生對於未來社會變遷的敏銳度，或許是未來值得努力的方向。

任何的研究均有其限制，本研究亦不例外。由於國內外並沒有關於社會關懷統一的量表，因此，量表間問項之差異或學校別之差異，均可能導致與本文不一致之分析結果，這是讀者們需特別小心的地方。

參考文獻

丁姵元、劉秀宜、蔡文鈞（2022）。從服務機構角度探討參與大學服務學習課程之挑戰與經驗。服務學習與社會連結學刊，（5），23-47。https://doi.org/10.6865/JSLSE.202204_(5).0002

吳清山（2011）。我國高等教育革新的重要課題與未來發展之分析。長庚人文社會學報，4（2），241-280。https://doi.org/10.30114/CGJHSS.201110.0002

李育齊、劉若蘭（2016）。投入社區的翻轉學習：大學生參與服務學習融入聯課活動之實施品質，學生投入及學習成果模式研究。課程與教學，19（4），61-91。https://doi.org/10.6384/CIQ.201610_19(4).0003

李偉雄、林玫君、李承傑、朱朝煌、董旭英（2018）。臺灣大學生參與服務學習與公民投入之相關性研究。南華社會科學論叢，4，3-43。https://libap.nhu.edu.tw:8081/Ejournal/5000000401.pdf

林慧貞（2006）。大學生參與服務學習意願初探。通識研究集刊，10，171-192。https://doi.org/10.6488/JCGE.200612.0171

林玫君（2015）。服務學習參與動機與社會承諾之關係研究：自我肯定及自我效能之中介效果。體驗教育學報，（9），82-115。https://doi.org/10.6783/JAAEE

林昆翰、林俊儒、何萬順（2020）。大學零學分制度的批判與反思。課程與教學季刊，23（4），233-256。https://doi.org/10.6384/CIQ.202010_23(4).0008

胡憶蓓（2015）。十年前看不到的畫面－大學生的社會參與。台灣教育評論月刊，4（1），17-20。https://doi.org/10.6791/TER

張同廟、柳金財、魏世賢（2010）。影響大學生服務學習成效的相關因素研究。育達科大學報，（23），81-107。https://doi.org/10.7074/YDAJB.201006.0081

張同廟（2011a）。參與態度，阻礙因素與學習成效之關係模式－以南部四所大學服務學習課程學生為例。國立虎尾科技大學學報，30（1），87-104。https://doi.org/10.6425/JNHUST.201103.0087

張同廟（2011b）。大學生參與服務學習課程之動機，阻礙因素與滿意度研究－以六所私立大學校院為例。新竹教育大學教育學報，28（1），1-34。https://doi.org/10.7044/NHCUEA.201106.0001
張同廟（2018）。服務學習雙元要素與大學生學習成效關係之研究。教育行政論壇，10（1），41-74。https://teric.naer.edu.tw/wSite/PDFReader?xmlId=&fileName=1556851133243&format=pdf
教育部（2018b）。107年度教育部獎勵補助私立技專校院整體發展經費核配及申請要點。教育部。https://ord.mcut.edu.tw/var/file/10/1010/img/374/188591525.pdf
教育部（2019）。接地氣、育人才，發現教育和地方雙贏的絕佳戰略。地方創生。https://web.cheers.com.tw/issue/2019/placemaking/article/ad8.php
楊舒婷（2010）。大學生公民態度與技能學習成效探討：以北區某科技大學服務學習課程實施之綜合分析（未出版之碩士論文）。國立臺灣師範大學。https://hdl.handle.net/11296/62mmj8
楊上萱（2012）。影響大學生服務學習課程學習成果之相關因素研究－以國立臺灣大學為例（未出版之碩士論文）。國立臺灣師範大學。https://hdl.handle.net/11296/7us79b
楊正誠（2019）。大學社會責任發展的國內外趨勢。評鑑雙月刊，（79），32-36。https://doi.org/10.6445/EB
葉雯霞、謝佩妤、李育諭（2019）。探討服務學習課程提升學生積極公民態度與技能。通識學刊：理念與實務，7（1），37-71。https://doi.org/10.6427/JGECP.201903_7(1).0002
鄭慧蘭（2001）。高中生公民參與態度與行為之研究－以台北市公立高中為例（未出版之碩士論文）。國立臺灣師範大學https://hdl.handle.net/11296/5vs63u
鄭靜宜（2020）。服務學習融入服裝專業課程實施與成效之研究。服務學習與社會連結學刊，（3），15-38。https://doi.org/10.6865/JSLSE.202004_(3).0002
鄭皓駿、陳婉琪（2017）。寧為雞首，不為牛後？班級排名對個人學業能力的影響。教育研究集刊，63（1），1-30。https://doi.org/10.3966/102887082017036301001

劉若蘭（2013）。高等教育服務學習與公民參與之關係。教育研究月刊，227，18-30。https://doi.org/10.3966/168063602013030227002

劉若蘭（2016）。融入社會議題服務學習課程發展歷程與學習成果之研究。課程與教學，19（3），113-138。https://doi.org/10.6384/CIQ.201607_19(3).0005

劉若蘭（2018）。推動服務－學習的省思與挑戰。服務學習與社會連結學刊，（1），13-18。https://doi.org/10.6865/JSLSE.201804_(1).0003

蔡志賢（2015）。大學生的社會參與。臺灣教育評論月刊，4（1），69-74。https://doi.org/10.6791/TER

賴光真（2013）。大學推動服務學習之省思。臺灣教育評論月刊，2（2），86-89。https://doi.org/10.6791/TER

蘇雅君（2002）。服務學習在國中童軍社團推動與學生學習效果之研究（未出版之碩士論文）。國立臺灣師範大學。https://hdl.handle.net/11296/2vvjyr

Eyler, J., & Giles, D. E. (1999). Where's the learning in service learning?. Jossey-Bass. https://www.wiley.com/en-us/Where%27s+the+Learning+in+Service+Learning%3F-p-9780470907467

Hazelkorn, E. (200). Rankings and the battle for world-class excellence: Institutional strategies and policy choices. Higher Education Management and Policy, 21(1), 1-22. https://www.researchgate.net/publication/227461399_Rankings_and_the_battle_for_world-class_excellence_Institutional_strategies_and_policy_choices

學生修讀創新教學課程學習成效之探討
——以個案學校為例

國立臺北商業大學企業管理系助理教授
吳國鳳

國立臺北護理健康大學護理系特聘教授暨校長
吳淑芳

國立臺北護理健康大學護理系特聘教授
暨教務長、校務研究辦公室主任
王采芷

壹、前言

教育部自2005年開始實施「邁向頂尖大學計畫」，旨在提升台灣大學的國際競爭力。然而，這項計畫也引發了高等教育過度重視研究而輕忽教學的現象。近年來，教育部積極推動「發展大學多元特色、培育新世代優質人才」的高等教育深耕計畫，持續促進教學創新和品質提升。同時聯合國教科文組織（UNESCO）於2017年發布了《教育促進實現可持續發展目標：學習目標》（Education for Sustainable Development Goals: Learning Objectives）為實踐聯合國的永續發展目標，該報告強調教育不僅僅是實現永續發展目標（SDGs）中的一環（SDG4 優質教育），更是實現所有SDGs目標的關鍵所在。在這樣的誘導下，UNESCO提出在永續發展的過程中，應培養「可持續發展公民」（sustainability citizens）的理念。這類公民必須具備跨領域的能力，能以建設性和負責任的方式參與社會。同時，教育部從107年開始推動高等教育深耕計畫，全面性提升大專校院品質及促進高教多元發展，教育部（2022）指出隨著科技進步和產業結構的演變，具備多元領域知識和技能的「π型人才」比單一專業背景的人才更具競爭力，學校應該強調和發展「跨領域探索」的教學模式。在課程制度方面，需要改變傳統學科的固定學習方式，增加學生選擇不同課程的多樣性和靈活性，鼓勵學生根據興趣和傾向組合不同課程進行學習。在課程內容上，應該將跨領域元素融入專業學習過程中，使跨領域學習與專業核心相融合，進而建立一個促進跨領域學習的環境，讓學生有更多多元和自主的學習機會，培養出具有跨學科能力的知識專家。故在全球化與知識經濟時代背景下，臺灣教育政策從「邁向頂尖大學計畫」到「高等教育深耕計畫」均對於提升大學教學品質及學術研究創新的促進作用，以及這些政策如何在培育新世代人才方面發揮關鍵影響，故引發本研究動機之一，了解高教深耕計畫推動下，學校人才培育之關鍵影響。

早期大學教師在教學上大多以教師為中心進行教學設計，較少以學生觀點進行教學設計，現代科學教育非常強調教導學生如何通過探索積極參與學習過程，傳統的課堂教學方式需要改進或改變，教師單方面向學生傳達知識的方式不太可能對已經熟悉從互聯網獲取各種知識並與各個社區的人們在線交流的文化的學生產生教育影響（Barrett, 2012; Herreid & Schiller, 2013; Roehl et al., 2013）。在大學教育裡影響學生學習的關鍵因素除了專業性知識外，更重要的是要培養自主學習的積極態度（（Pike, Smart, & Ethington, 2012），學生在課程學習上存在著能力的差異以及自我動機強弱的差異，該學習意願會影響到學生的學習活動成果（Noe, Wilk, Mullen, & Wanek,

1997）。彭耀平和顏炘怡（2018）指出雖然一些大學已經開始轉型，強化與產業的聯結，並鼓勵教師採用跨領域的創新課程設計，但在教學現場教師普遍採用傳統的課程設計和教學方式，並對不同領域之間的聯繫性較為陌生。但在校內仍存在學術與實際應用之間的不平衡、教師缺乏實務技能、產學合作不足，以及教材和教學方法的創新投入不足、各學院之間互動貧乏、各自為政等問題。值得注意的是，跨領域的創新課程模式被證實能夠有效提升學生的學習成效和能力。隨著產業界對於高素質跨領域人才的需求日增，高等教育體系如何透過跨領域學習策略有效整合不同學科知識，促進學生創新思維及問題解決能力的發展，亦為重要研究之議題，透過此議題深入探討，可了解學校在跨領域教學模式對於不同專業背景學生核心能力培養的貢獻，提供深刻見解，此為本研究動機之二。

近年來教學理念的轉變，不再只重視單純的知識傳授與教師教學，改為以學習者為中心並強調學生學習成效。問題導向學習方式，除了發展課程內容知識和教學法，透過基於問題的學習方式，提供學生了解多個相互關聯的問題，進行整體思考與協作方法的規劃，使學生在學習的過程中與同學一起深入探討問題、透過老師指導建立自信，透過此方式可以讓學生將課堂學習經驗更容易轉移到實際工作場域中。Giroux（2016）指出問題導向學習（PBL）教學應該提出問題、強調批判性思考、具有改造知識的理念、讓學生探索知識與權力之間的關係，PBL教學法提供了學生機會，讓學生有學習的意願，激發他們的熱情和動機，並將學習視為一種選擇。近年來為了幫助學生學習，在課堂上結合網路技術提供輔助學習工具例如MOOCs、ZUVIO，Kahoot、Arguman以及Facebook、google meet、teams。近年來在課程設計上越來越多元，dos Santos（2017）指出PBL應該包含選擇實際問題、創造真實工作環境、由專家進行教學、編寫貼近問題的教學大綱、從技術與市場的角度來設定評估流程。到底多元化的教學發展是否有提升到學生學習成效，為本研究關心之重點。透過上述可知，當代教育理念轉為強調學習過程以學習者為中心時，學生學習成效即為關注之重點，本研究在探索學習者中心的教學設計如何透過促進學生的主動學習、批判性思維及自我反思能力，從而顯著提高學習成效，此提升非一蹴可幾，故後續將透過長期觀察了解高教深耕計畫推動之教學策略深入長期研究，進一步瞭解技職教育體系之教育實踐之結果，是否與理論相結合，此為本研究動機之三。

本研究之個案學校主要重心放在落實教學創新及提升教學品質，個案學校受補助之課程，均邀請授課教師協助發放學生學習成效之問卷，進一步衡量學生修讀教育部高教深耕計畫補助之創新教學課程，是否對於學生學習成效有顯著提升，對個案學校而言非常重要，故個案學校擬定學生學習成效問卷，作為評量教師教學是否能夠讓學生達到改善，透過上述，本研究提出以下三項研究目的：

（一）評估創新教學課程對學生關鍵能力的影響

（二）探索問題導向學習與不同學院學生之學習效果

（三）評量創新教學策略對學生學習成效之長期影響

貳、文獻探討

一、問題導向學習（PBL）與創新教學之間的關係

問題導向學習（PBL）起源於1910年，PBL的工作通常可以追溯到約翰·杜威的工作。杜威和他的進步運動主張應該鼓勵學生進行調查和創造。當教師將學習與現實生活活動聯繫起來時，學習者就會受到激勵並參與其中。問題導向學習（PBL）首先在醫學教育領域得到應用，這種方法以臨床實際遇到的問題為學習的核心，旨在訓練醫學院學生利用其所學知識解決真實問題。PBL的起源可追溯至1960年代加拿大麥克馬斯特大學，該教學模式在全球範圍已有

超過六十年的實踐歷史。其理論基礎結合了實用主義、建構主義、情境學習以及合作學習等多種教育理念。教學策略是指教師根據學生的特點和課程內容，計劃、實施和評估教學方法，以達到預期的學習效果（李隆盛，1996）問題導向學習（PBL）採取的是一種「學中思、做中學」（Minds-on, hands-on）的教學策略，其核心是將學生置於學習過程的中心。在這種教學模式中，教師的角色更多是作為引導者，而不是直接提供答案或為學生做出判斷。這樣的學生中心教學法鼓勵學生通過資料的搜尋、團隊討論、問題分析以及知識的綜合應用來解決實際問題。此外，它也促進了學習者養成良好的學習習慣和終身學習的能力。PBL使得學習者從被動接收知識轉變為主動進行探究，並在與他人的合作過程中共同建構和分享知識（Hung, Dolmans, & van Merriënboer, 2019）。

在1990年代，問題導向學習（PBL）在亞洲地區得到廣泛實施，起初由日本、香港和馬來西亞引入。此教學方法的應用範圍廣泛，不僅包括醫護教育，還擴展到機械工程、社會工作、資訊素養、市場營銷和倫理學等多個專業領域（陳麗糸，2018；林真瑜、繼春、周汎澔，2008；劉毓芬，2013）。國立台灣大學醫學院於1992年成為台灣首個引入PBL教學法的院校。其後，包括國立陽明大學、國立成功大學和高雄醫學大學在內的其他學院也採納了PBL教學或進行了相關的課程改革。這些機構在實施PBL時考量了教學目標、實施環境及班級規模等多元因素，確保教學方法的多樣性。PBL在台灣的推廣與實踐對醫護教育領域的發展起到了重要的作用（林真瑜、繼春、周汎澔，2008）。在PBL的學習過程中，學生首先需要識別問題，這主要是為了幫助他們將之前所學的知識活化，並促進知識的深化理解。PBL更加強調學習者的自我導向學習，通過分析問題、形成假設、收集資訊及解決問題的過程中，學生能夠建立解題的基本模式，從而在未來能將理論與實踐有效結合（Brown, Collins, & Duguid, 1989）。

當前的教育旨在教導學生如何提出問題、規範和建構言論、形成假設以及找到自己的事實。學習不再是一個單向的從教師到學生的知識傳授過程。為了幫助學生學習並培養自信心，可能需要建立的教育中心將要求新的角色、新的教育模式和方法，進行創新教學課程之規劃與發展。此外，基於教師的專業發展需求，鼓勵創新以滿足學習者的需求。PBL課程設計確保畢業生在校所學專業與其畢業後欲從事的職業相匹配，使他們充滿信心和能力（McMillan, 2022）。學習必須適應21世紀全球化時代所需的技能，這迫使我們改變教育方式。在傳統的PBL設置中，學習是由需要解決的問題觸發的，透過個人與集體的知識來共同尋找解決問題的資源，成為自然的結果（Dewey, 1944）。問題導向學習（PBL）已在不同領域的教育中廣泛應用，包括醫學、藥學、護理等，其中大部分的研究主要集中在醫學領域（Yew & Goh, 2016）。PBL在應用領域和專業教育中的影響也提供了對學生學習成果的新見解。特別是在護理教育領域，已經投入了大量的研究來探索PBL在醫療保健培訓中的有效性，為護理專業人員在進入職場前做好照顧病人的準備。此外，在國外，它也在機械工程、工業提升、社會工作、組織結構與管理等領域得到廣泛應用（Hwang, 2002）。然而，在非西方背景下引入PBL需要對機構進行重大變革，以保證學生與PBL方法互動，同時尊重文化差異和利益（Chan et al., 2022）。

問題導向學習成效評估部分，Rideout et al.（2002）指出，問題導向學習以學習過程中的問題為核心，與傳統教學方法最大的區別在於它鼓勵學生應用知識解決實際生活中可能遭遇的各種情境。許多教育者傾向於按照問題導向學習的評估分為三大類：「內容」、「過程」和「結果」。在「內容」方面，評估的重點是測量學生所記憶和回想的信息以及所獲得的知識。在「過程」方面，評估關注點在於學生在學習過程中使用的方法和技術，包括是否能夠正確地接受信息以實現解決問題的目標，以及是否能夠有效地運用溝通技巧實現互助學習的真諦。而「結果」則是對具體成就的評估，意味著在智力和學習結束時所獲得的知識和技能的成功與否（Barrows & Tamblyn, 1980）。在問題導向學習中，學習者必須在他們已經學過並能夠應用的範圍內，通過一系列思考活動來處理問題情境。這種方法不僅能激發學習者的興趣，還幫助他們將問題置於中心位置，思考可能的解決方法以及他們已經學到的知識和信息如何應用來解決問題。

McMillan（2022）指出透過教師創新與創造性的教學方法，對於學生專注、有效學習的方式包括，提供學生在同儕之間輔助學習項目以及網路學習技術、MOOCs、翻轉課堂等教學方法的導入，在澳大利亞天主教大學（ACU）的學生身上都可以看出學習成果是有助於學生改善學習成效的。從產業界回饋的資料可知，業界希望新進員工具備組織能力、自我管理、批判性思考和分析能力、具備有效的溝通技巧，同時能夠在團隊中進行合作，但對於在學學生而言，團隊合作很困難，由此可知，學生想法與業界需求存在落差時，在教育場域提供PBL訓練課程、模擬工作場所之專業能力訓練，有助於學生未來就業之發展，這些要素也融入了澳大利亞天主教大學對於畢業生所需具備的能力之中，換句話說，在課程設計過程，會需要導入問題導向創新教學方式，對接業界所需之員工能力，才能使學生畢業後成為符合業界需求之人才。

二、學生自我學習能力與團隊合作能力

（一）學習成效與學生能力衡量

學校一直極為關注學生的學習成效，因為學生是教育的主體。學習成效是指學生在參加特定學習課程後所獲得的特定知識、技能或能力（Ewell, 2006）。除了學生的先天因素，學習時間、先備知識和參與度等因素也可能影響學習成效（Ozden, 2008; Dochy et al.,

1999; Carini et al., 2006）。精熟學習強調為低成就學生提供足夠的學習時間，以提升他們的學習成效（Corebima, 2007）。根據古正欣（2018）的研究，經歷了四年的大學教育培育後，學生顯示出多項穩定的線性成長關係，包括處理生活上的難題、應對突發事件、擔任領導者角色、學科基本知識、學科核心知識、外語能力、資訊軟體和操作技能、邏輯思維、報告撰寫和寫作能力、問題解決能力、資料蒐集整理技能、口才和演講辯論技巧、人際溝通協調能力、團隊合作能力、人文涵養和生命關懷、創造力、領導力、自信心以及情緒管理等共計19項能力指標的逐步成長。

（二）學生自我學習能力

在學生自主學習能力的發展中，建構主義理論和精熟學習理論扮演了關鍵角色。建構主義理論強調知識是由學習者在特定情境中通過經驗和反思構建的。這一理論的重要性在Maastricht大學的PBL系統和Jaleniauskiene（2016）的研究中得到了凸顯，這些研究顯示了建構主義理論在促進學生主動學習和自主學習方面的有效性。與此同時，精熟學習理論，由Corebima（2007）提出，強調為所有學生，尤其是低成就學生，提供充足的學習時間，以幫助他們達到學習目標。這些理論共同支持了一個觀點，即透過適當的支持和環境設置，學生可以有效地提升他們的自主學習能力。PBL課程設計可透過制定全面學生學習指南，證明學生可以自主學習、團隊成員之角色與該負責的部分，並透過加入輔導員方式協助學生進行PBL課程推動，透過此方式可以讓學生知道如何學習、以及將學習甚麼，並且有明確的學習框架，此外可透過電子學習科技整合應用，例如線上問題、線上影片、照片等電子媒介，進行創新教學，增加學習個案的刺激因子，加強學生學習成效（McMillan and Little, 2016）。Yew and Goh（2016）指出PBL訓練過程中問題分析階段產生的學習問題的質量對其在個人學習中的使用程度有影響。在自主學習過程中增加對學習問題的使用也對學生的研究質量產生了影響，因為他們可以引導他們進行更深入的解釋，從而影響報告階段討論的深度。最後，報告的"深度"對學生的成績產生積極影響。Chung, and Lee（2018）指出，在採用PBL課程於物理治療課程中，學生對於學習動機、注意力、專業知識關聯度、信心與滿意度有顯著改善，而學習態度、自我概念、態度與學習習慣均不顯著，可能原因是學習態度部分屬於學生自我學習，需自我準備充分，故在導入PBL課程後，學生學習態度與概念改變無顯著影響。基於上述，本研究根據Ewell（2006）、McMillan and Little（2016）、Yew and Goh（2016）、Corebima （2007）的研究，自我學習能力可定義為學生在特定學習情境下，通過個人努力、運用資源和技術（例如電子學習媒介），進行有效學習的能力。這包括解決問題、深入思考及自我反思，從而達到學習目標。

（三）團隊合作能力

當我們探討團隊合作能力時，社會互動理論成為一個關鍵的考量，團隊合作被認為是一項重要的就業技能，Maastricht大學以其PBL學習系統與國際化聞名全球。該校在教育方面重視PBL、小規模教育、國際化教育及社會相關性教育，這與臺灣高等教育深耕推動的四大方向不謀而合（Maastricht University, 2023）。基於建構主義的教育理念，學生在團隊環境中可以更好地獲取知識，這不僅促進了他們的主動學習和自主學習，而且還增強了他們的動機和信心（Jaleniauskiene, 2016）。在實際的PBL課程中，團隊合作是基本要素，學生在與現實世界相關的背景下學習職場情況或問題，並透過集體學習方式與同學和老師合作，挑戰傳統想法。團隊合作能力對個人的思考方式、對教材和學習過程的理解具有重要價值（Schnugg & Song, 2020）。巫俊采（2022）觀察到，團隊導向學習（TBL）是一種常用的團隊合作教學策略，這種方法要求學生有目的地組成小組，在課堂時間內進行小組作業，強調學生之間的互動、批判性和創造性思維，以參與具有挑戰性的問題情境。此外，Hrynchak & Batty（2012）指出，通過組員間的反饋，學生的學習反思和團隊合作技能得到增強。Christensen, Harrison, Hollindale和Wood（2019）在會計課實施TBL後發現，學生們認為他們的團隊合作能力得到了顯著改善，特別是在擔任任務領導者、社會情感領導者和資訊提供者方面的能力得到了提升，並表現出對這兩種領導角色的偏好。依據Schnugg & Song（2020）、巫俊采（2022）、Hrynchak & Batty （2012）、Christensen et al.（2019）的觀點，團隊合作能力指的是學生在團隊環境中有效合作的能力，包括互動、溝通、批判性思維和創造性思維，以及透過團隊工作和反饋提升問題解決能力和領導技能。基於上述文獻探討，本研究提出下列研究假設：

假設一：大學生課後創新教學課程學習成效中自我學習能力比課前成效好

假設二：大學生課後創新教學課程學習成效中團隊合作能力比課前成效好

三、學生溝通能力與解決問題能力

老師在教學過程中，雙方的溝通非常重要，導師是否能夠引導學生使用同理心、尊重、熱情的表達以及表達的具體性、真誠性、自我表露、即時性，都是學生在學習溝通技巧所必須學習的技巧（Ryu, 2014），基於團隊的PBL學習方式可以對學習者的動機、學習態度、參與、溝通技巧、學業成就、自主學習、學業自我效能、EQ和滿意度產生正面影響（Kim and Kim, 2015; Lee and Son, 2012; Ha, Lee and, 2014）。Lee et al.,（2003）和Shin（2014）指出學生溝通技巧的組成應該包括透過收集訊息和聆聽，並進一步解釋內容進行對話、透過克服傳統思維，使用具創造性的溝通方式來發揮討論的作用、不做作的表達自己的想法、設定目標透過引導溝通清楚表達自己的觀點、轉換訊息使用對方可以理解的言語和立場進行表達。

解決問題能力是為了解決一個問題時，在實踐目標過程中，改變思維和行為的過程（Lee et al., 2003;Park, 2017）。在PBL課程中，可以透過模擬的方式使學生更貼近現實工作場域，由於科技網絡技術的發達，對線上學習的依賴度也增加，高等教育也必須適應跟改變（McLntyre, 2014），模擬工作場域之教學方式可以使學生重複練習技能、接觸不可預測的練習情境、教師可進行形成性和總結性評量，以及提供學生反思練習的機會（AN-MAC, 2018）。Treloar, McMillan, Stone, and Kim （2019）指出模擬可以引導體驗來取代或放大真實工作場域狀況，透過實作場域的教學方式例如透過演員、角色扮演、軟體、人體模型、任務訓練器材、虛擬實境、遊戲、個案研究，喚起或複製現實世界的工作狀況，可以使學生主動學習、創造性思維和學習以更高層次的問題解決為目標。

基於上述文獻探討，本研究提出下列研究假設：

假設三：大學生課後創新教學課程學習成效中溝通能力比課前成效好

假設四：大學生課後創新教學課程學習成效中解決問題能力比課前成效好

四、學生批判性思考

21世紀的技能之一是批判性思考的能力，批判性思維的概念必須通過思維的基本概念來探索。如果教師了解學生的認知，他們在設計結合學生思維方法的課程時就會更有效率（Heong et al., 2020）。問題導向學習（PBL）已被證明能有效促進學生發展高級認知策略、批判性思維能力和積極的學習態度（Michaelsen, Davidson, & Major, 2014）。PBL是一種注重培養批判性思考的教學方法，它使學生能夠更好地將所學與現實世界聯繫起來（Hashim & Samsudin, 2020）。這種教學方式著重於幫助學生提升技能、思維能力和批判性思考能力（Amin, Utaya, Bachri, & Susilo, 2020）。培養學生的批判性思考對於解決現代世界的非常規問題至關重要。批判性思維是信息、認知技能和情感傾向的綜合體（Halpern，2014；Hyytinen et al., 2019），其中一種練習批判性思考技能的方法是使用基於問題的學習（PBL）模型。根據Well, Warelow, and Jackson（2009）的觀點，在PBL課程中，學生需要在團隊合作中擁有明確的任務和目標，透過反思問題來調整行為。設計者需要精心設計問題，使其與學習主題緊密相關。而測試學生能力的方式可以包括筆試和實際操作。

Kusumi（2015）指出批判性思維能力在日本被認為是護理人員在實踐和學習過程中成長和開展研究技能的關鍵發展能力因素，尤其是護理學習過程和護理實踐的思維以及核心態度。出在PBL課程中，課程設計除了要使用當世代年輕人有興趣的素材外，在設計以學生為中心的學習模式要能夠引入跟評估批判性思維、信息素養、特定學科的學習過程和結果評估方式、專業知識、價值觀和態度，在澳洲的高等教育課程設計中PBL設計最終成為教學框架的一部份（McMillan , 2022）。Ito, Murakami, Ono, and McMillan （2021）指出護理領域的老師需要培育學生思考如何為患者或與患者一起做些甚麼的技能，任何護理教學架構與在臨床具備正確判斷與決策發展之間，都存在著某種關係，學生應該思考這個關係如何轉化為適當的治療行動，在學校中可透過已過程為導向的哲學和方法論來進行臨床教學判斷，教師透過培養學生思考而產生適當的治療行動。基於上述文獻探討，本研究提出下列研究假設：

假設五：大學生課後創新教學課程學習成效中批判性思考能力比課前成效好

參、研究方法

一、研究對象與時間

為配合高教深耕計畫開設創新教學課程，本個案學校經學院與系所進行課程評估，挑選出適合推動創新教學之課程，並搭配高教深耕經費補助，協助教師進行創新教學課程開設，由於課程包含必修課與選修課，最終以各學院開設成功之課程進行後續推動與問卷發放。本研究擬探討個案學校受教育部補助之創新教學課程學生學習成效是否有所改變?研究對象為個案學校三學院暨通識中心之學生，本研究資料收集期間為107學年度第一學期與第二學期，第一學期回收問卷為1,741份，第二學期為2,284份。兩學期共計回收有效配對問卷4,025份。從表1與表2可知，在本研究A學院為護理相關科系之學院，大部分學生專長對接考照系所，學院學生人數亦是最多，在107學年度第1、2學期分別開設21門、21門課程，修課學生人次分別為1013、941人次；其次B學院為管理相關科系為主，主要培育學生具備照護相關管理之科系，在107學年度第1、2學期分別開設7門、12門課程，修課學生人次分別為211、414人次；C學院為人數最少之學院，其科系特質涵蓋幼兒、運動、心理相關科系，在107學年度第1、2學期分別開設13門、27門課程，修課學生人次分別為244、628人次；D中心為通識中心，在107學年度第1、2學期分別開設29門、23門課程，修課學生人次分別為273、301人次。透過3學院1中心的資料收集與分析，進一步呈現研究結果，各單位與各學院回收班級數如下表所示。

表1　各學院回收班級數

學期／學院代碼	1	2	3	4	總計
10701	21	7	13	29	70
10702	21	12	27	23	83

表2　各學院、中心回收學生樣本數

學期／學院代碼	1	2	3	4	總計
10701	1,013	211	244	273	1,741
10702	941	414	628	301	2,284
總計	1,954	625	872	574	4,025

二、研究設計

在研究設計上分為前測與後測。前測時間為學期第1週，後測時間為學期第18週。在前測部分，於開課第1週透過開課教師進行宣導，自由填寫線上問卷。後測部分，於第18週學期課程結束後，提供學生自由填寫後測問卷之資料。無論前測或後測，學生在問卷填寫過程中可隨時中斷填寫，若不願意填寫亦不會影響到其任何學期表現與成績。研究者透過系統配對前後測問卷均有填答之問卷，視為有效問卷。若學生只填答前測或後測問卷，則視為無效問卷。收集問卷資料後，採取用去識別化處理與保存，並且將資料儲存在計畫主持人與協同計畫主持人之加密電腦中，僅本人知道電腦密碼，以確保研究參與者隱私和個人資訊安全。

三、研究工具

Ha（2018）指出翻轉學習與PBL成功或失敗取決於老師如何準備和運用課堂活動，此外PBL與翻轉學習主要目的為提高學習者參與因此需要學習者充分準備和努力，才能使學生在課堂外探索知識和主動學習。林真瑜、曾惠珍、李子奇、金繼春、簡淑媛、黃玉珠、周汎澔（2010）在建構護理領域之問題導向學習評量，共分為自我導向學習、批判性思考、獨立學習、團體互動及參與、推理技巧等五大構面。本研究主要以護理領域之學生為主要研究對象，故在問卷設計參考上結合問題導向學習之概念與高教深耕推動創新教學之方向，參考本研究參考印第安納大學National Survey of Student Engagement及加州大學洛杉磯分校高等教育研究中心（UCLA Higher Education Research Institute College Senior Survey）公告於網路上之調查問卷題項概念與分類，重新設計成自我學習能力（self-directed learning）、團體合作能力（team-work/collaboration）、溝通能力（communication）、解決問題能力（problem solving）、批判性思考（critical thinking），五大面向，作為本個案學校推動高教深耕計畫教學創新課程成效衡量之依據。

本研究參考印第安納大學National Survey of Student Engagement及加州大學洛杉磯分校高等教育研究中心（UCLA Higher Education Research Institute College Senior Survey）公告於網路上之調查問卷題項概念與分類，配合教育部高教深耕推動落實創新教學概念、以及前述文獻推導，最終以問題導向學習（Problem-Based Learning, PBL）進行問卷設計，並經由國內三位校外專家建議修訂發展學生學習成效之評量工具，本評量工具量表共分為自我學習能力（self-directed learning）、團體合作能力（team-work/collaboration）、溝通能力（communication）、解決問題能力（problem solving）、批判性思考（critical thinking），五大面向，總計題數20題，各面向與題預計透過課程開始之前的測量（pre-test）以及課程結束之後的測量（post-test）評估以下五個學習目標的成長幅度（Al-kloub, et al., 2013; Terry 2010; Wells 2009）。（林真瑜、曾惠珍、李子奇、金繼春、簡淑媛、黃玉珠、周汎澔，2010；Barron and Wells, 2013），在作答方式部份，以李克特式（Likert）五點量表形式作答，分別為「非常符合」、「符合」、「沒意見」、「不符合」、「非常不符合」，單次完成施測所需的時間大約是十分鐘。本研究所使用之量表各面向與題目如表3所示。由於本問卷資料收集為搭配高教深耕計畫推動設計、且為前後測配對問卷，為避免造成老師與學生不便，在變數收集上僅收集問卷題項、課程名稱、學期、學院、班級，故無法進行其他學生資料分析。

表3　學生學習成效問卷構面與題項

面向	題目
自我學習能力	1. 我會自動自發地學習 I study the course materials spontaneously.
	2. 我不會逃避在團體討論當中提出不同的意見。 I do not avoid the conflicts during the group discussion.
	3. 我對於上台報告很有自信。 I am confident in group presentation.
	4. 我遇到複雜的問題會想要逃避（反）。 I tend to avoid the complicated problems.
團隊合作能力	5. 我總是嘗試著用不同的角度看事情。 I am able to see the world from someone else's point of view.
	6. 我知道自己在學習上的優缺點。 I know my strength and my weakness of learning.
	7. 我對於執行個人報告比團體報告更覺得自在（反）。 I feel more comfortable with working on individual report compared with team report.
	8. 我會主動地在團體當中帶動討論的氣氛。 I voluntarily lead the group discussion.

面向	題目
溝通能力	9. 我會嘗試著用不同的方法解決問題。 I seek alternative solutions to problems.
	10. 我對於與自己生活背景不同的人有同理心。 I show empathy to the others with different socio-economic background.
	11. 我對於不了解的部分總是會主動查詢資料或者請教教授。 I usually check the information or ask professors for the questions I do not understand.
	12. 我會在團體討論當中提出我的意見。 I can make contributions to class discussions.
解決問題能力	13. 我在團體討論當中的發言會被尊重。 My opinions are respected during the group discussion.
	14. 我總是會分析問題並進行批判性思考。 I usually analyze the problem and then think independently.
	15. 我能夠將學習到的知識運用在生活上。 I am able to apply what I learn to real situations.
	16. 我常在課前預習上課的教材。 I often preview the course materials before the class.
批判性思考	17. 我能夠和團體成員合作並如期完成計畫或報告。 I am able to accomplish the project on time with my team members.
	18. 我會嘗試說服和我意見不同的同學。 I try to persuade team members who have alternative ideas.
	19. 我覺得跟同學一起討論所得到的答案會比自己單獨解決問題來得好。 I prefer to discuss with team members about the solution than resolve the problem by my own.
	20. 我會統整教授或同學的觀點並提出我自己的看法。 I usually synthesize the points of views from professors as well as classmates and purpose my own opinions.

四、信、效度檢驗

本研究採用AMOS22.0軟體進行分析驗證性因素分析，如表4所示，因素負荷量介於0.059-0.787之間，標準誤介於0.13-0.39之間、組合信度C.R值均大於1.96，驗證性分析（CFA）因素負荷量低於0.5以下就刪除該題項（陳欽雨、蔡宜雯，2016；Hair, Black, Babin, Anderson, & Tatham, 2006），故本研究刪除第4題與第7題，其餘各項係數符合標準，可進行後續整體模式與內在結構檢定。在整體量表配適度部分，從表5可知，量表之RMSEA為0.071、NFI=0.911、RFI=0.900、IFI=0.913、TLI=0.900、CFI=0.913整體配適度均符合適配度考驗指標之標準。

表4　驗證性因素分析

題項	構面名稱	因素負荷量	S.E.	組合信度C.R.值	*P*
Q1	自我學習能力	.528			
Q2	自我學習能力	.763	.031	44.627	***
Q3	自我學習能力	.640	.039	40.240	***
Q4	自我學習能力	.059	.034	4.856	***
Q5	團隊合作能力	.707			
Q6	團隊合作能力	.671	.016	57.707	***
Q7	團隊合作能力	.082	.025	7.043	***
Q8	團隊合作能力	.665	.020	55.842	***
Q9	溝通能力	.776			
Q10	溝通能力	.681	.014	64.108	***
Q11	溝通能力	.724	.015	68.724	***
Q12	溝通能力	.775	.013	74.025	***
Q13	解決問題能力	.765			
Q14	解決問題能力	.750	.015	69.215	***
Q15	解決問題能力	.762	.014	70.398	***
Q16	解決問題能力	.549	.020	48.768	***
Q17	批判性思考	.710			
Q18	批判性思考	.524	.022	43.691	***
Q19	批判性思考	.642	.019	54.111	***
Q20	批判性思考	.787	.018	64.499	***

表5　整體模式配適度考驗指標與結果

評鑑項目		分析結果	結論
決對配適量測指標	RMSEA＜.05優良、0.05-0.08良好	0.071	良好
增值配適量測指標	NFI＞.90	0.911	符合
	RFI＞.90	0.900	符合
	IFI＞.90	0.913	符合
	TLI＞.90	0.900	符合
	CFI＞.90	0.913	符合

肆、研究結果

一、相關分析

為了解研究變項之間的關係，本研究以皮爾森相關，來檢測自我學習能力、團度合作能力、溝通能力、解決問題能力與批判性思考五大構面之相關程度，從表6可知，各構面之間均為顯著正相關。

表6　相關分析表

	平均數	標準差	自我學習能力	團隊合作能力	溝通能力	解決問題能力	批判性思考
自我學習能力	3.7555	.53809	1				
團隊合作能力	3.6880	.51189	$.472^{***}$	1			
溝通能力	4.0446	.52770	$.588^{***}$	$.666^{***}$	1		
解決問題能力	3.8059	.58110	$.561^{***}$	$.635^{***}$	$.779^{***}$	1	
批判性思考	3.9355	.55488	$.481^{***}$	$.588^{***}$	$.736^{***}$	$.721^{***}$	1

註：$p<0.05^{*}$, $p<0.01^{**}$, $p<0.001^{***}$

二、重複測量分析

為了解個案學校經由教育部補助之高教深耕經費是否能夠有效提升學生學習成效，本研究在107學年度上下學期透過開學第1週與第18週進行問卷發放，於問卷回收後進行重複測量分析。從表7可知，自我學習能力107學年度前測分數為3.65（SD=0.55），後測成績為3.83（SD=0.52），達顯著差異。團隊合作能力107學年度前測分數為3.565（SD=0.43），後測成績為3.81（SD=0.56），達顯著差異。溝通能力107學年度前測分數為3.97（SD=0.50），後測成績為4.11（SD=0.54），達顯著差異。解決問題能力107學年度前測分數為3.70（SD=0.55），後測成績為3.91（SD=0.59），達顯著差異。批判性思考107學年度前測分數為3.87（SD=0.53），後測成績為4.00（SD=0.57），達顯著差異。本研究問卷設計之五大構面後測成績均比前測成績高，每項構面均達到顯著差異，顯示個案學校之學生經由教育部補助教師設計創新課程使學生在學習成效上明顯提升。本研究使用重複測量分析來檢驗學生在前後測中的五大能力是否有顯著差異。結果顯示，學生在後測的自我學習能力、團隊合作能力、溝通能力、解決問題能力和批判性思考能力均高於前測，且差異達到顯著水準，表示學生在修讀創新教學課程後，各項能力均有顯著提升。這與文獻中指出，問題導向學習（PBL）能夠促進學生的自主學習、團隊合作、溝通、解決問題和批判性思考等能力的發展（Barrows & Tamblyn, 1980; Hung, Dolmans, & van Merriënboer, 2019; McMillan, 2022）相一致。

表7　五大能力重複測量分析

	107學年度第1學期		107學年度第2學期		平方和（SS）	df	均方（MS）	F
	平均值	標準差	平均值	標準差				
自我學習能力	3.68	0.55	3.83	0.52	47.31	1.00	47.31	240.07***
團隊合作能力	3.56	0.43	3.81	0.56	122.49	1.00	122.49	531.46***
溝通能力	3.97	0.50	4.11	0.54	39.53	1.00	39.53	178.33***
解決問題能力	3.70	0.55	3.91	0.59	81.98	1.00	81.98	313.40***
批判性思考	3.87	0.53	4.00	0.57	34.63	1.00	34.63	139.15***

註：N=4025；$p<0.05^{*}$, $p<0.01^{**}$, $p<0.001^{***}$

三、各學院配對樣本t檢定

以各題項來了解ABCD中心之前後測分析結果如後續表8至表11、圖1至圖4所示。在A學院部分學生在10702部分，A學院學生在「我遇到複雜的問題會想要逃避」題項並未達顯著成效，故個案學校將研究結果反饋，並於在下一學年度，提升課程補助，以其成效提升。在B學院部分，第一學期導入時，成效較無顯著改變，但在第二學期部分在團隊合作能力、溝通能力、問題解決能力與批判性思考幾乎前後測均達顯著差異，唯自我學習能力尚待提升，整體而言，學生學習成效仍有不錯之效果。108學年度起，將持續納入開設課程調整之參考依據。在C學院部分，10701學期剛導入創新教學時，尚有少部分題項無顯著差異，以及批判性思考構面較無顯著差異，但在10702學期學生學習成效明顯改善，顯示創新教學方式導入有助於學生學習成效之提升。在D中心部分，前後測部分仍有少數題目無明顯改善，可能原因唯D中心開設課程較多通識課程，其開課屬性較無法要求學生「我常會在課前預習上課教材」、「我會嘗試說服和我意見不同的同學」，但在其他能力部分，學生均有明顯改善。校務研究之目的在於發現問題、揭露事實、改善問題，本研究在學生學習成效部分，如實揭露第1學期導入之狀況以及第2學期改善之狀況，雖第1學期成效較為薄弱，但經教育部高教深耕經費補助後，確實呈現個案學校學生學習成效明顯提升之結果。

表8　A學院配對樣本t檢定

題項	10701				10702			
	前測平均數	後測平均數	t值	*p*值	前測平均數	後測平均數	t值	*p*值
Q1	3.86	4.09	-9.374	.000	3.88	4.06	-6.775	.000
Q2	4.09	4.22	-2.358	.019	4.01	4.16	-5.033	.000
Q3	3.37	3.73	-12.869	.000	3.34	3.60	-6.733	.000
Q4	2.65	2.61	.877	.381	2.57	2.61	-.790	.430
Q5	3.89	4.03	-5.670	.000	3.85	4.00	-5.154	.000
Q6	3.93	4.10	-7.354	.000	3.93	4.07	-5.188	.000
Q7	2.79	3.30	-9.932	.000	2.87	3.25	-8.870	.000
Q8	3.55	3.83	-10.547	.000	3.48	3.76	-8.157	.000
Q9	3.91	4.09	-7.840	.000	3.88	4.04	-6.134	.000
Q10	4.15	4.22	-2.999	.003	4.14	4.22	-2.889	.004
Q11	3.84	4.05	-8.801	.000	3.84	3.95	-3.627	.000
Q12	4.00	4.18	-8.792	.000	3.96	4.12	-6.063	.000
Q13	3.96	4.18	-9.730	.000	3.93	4.16	-3.894	.000
Q14	3.76	4.02	-11.560	.000	3.72	3.96	-7.808	.000
Q15	3.83	4.02	-8.104	.000	3.85	4.01	-5.493	.000
Q16	3.24	3.64	-6.969	.000	3.19	3.48	-5.217	.000
Q17	4.13	4.23	-4.107	.000	4.10	4.18	-2.610	.009
Q18	3.43	3.58	-5.500	.000	3.43	3.62	-5.154	.000
Q19	4.02	4.15	-4.956	.000	3.99	4.09	-2.910	.004
Q20	3.91	4.12	-8.827	.000	3.84	4.02	-6.134	.000

註：$p<0.05^{*}, p<0.01^{**}, p<0.001^{***}$

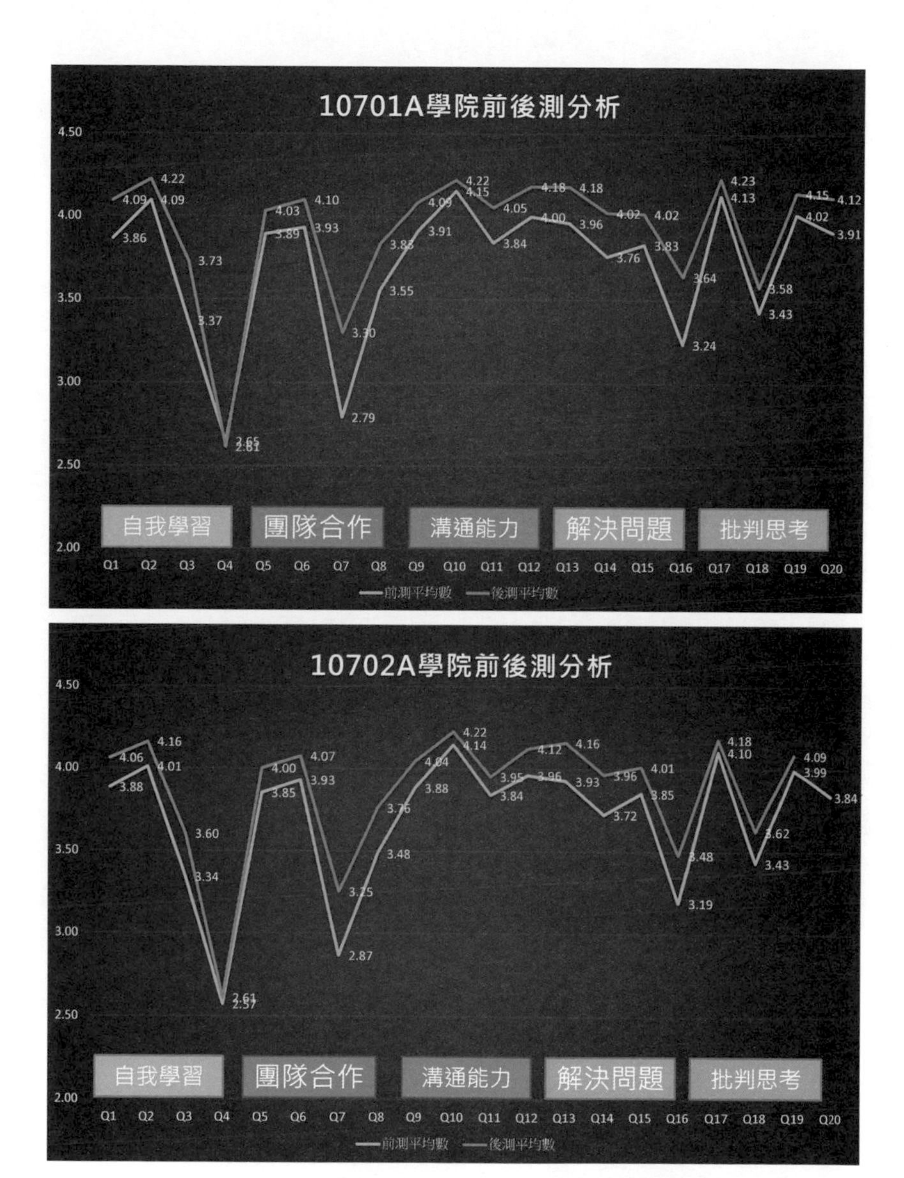

圖1　107學年度A學院學生五大能力差異圖

表9　B學院配對樣本t檢定

題項	10701				10702			
	前測平均數	後測平均數	t值	*p*值	前測平均數	後測平均數	t值	*p*值
Q1	3.91	3.97	-.973	.332	3.92	3.97	-1.254	.210
Q2	4.11	4.07	.383	.702	4.07	4.11	-.786	.432
Q3	3.31	3.37	-1.021	.308	3.29	3.57	-3.767	.000
Q4	2.63	2.31	3.884	.000	2.60	2.73	-1.786	.075
Q5	3.94	3.97	-.434	.664	3.98	4.03	-.917	.360
Q6	4.04	3.94	1.662	.098	3.97	4.07	-2.055	.041
Q7	2.84	3.06	-1.846	.066	2.94	3.26	-4.536	.000
Q8	3.55	3.66	-1.569	.118	3.53	3.66	-2.243	.025
Q9	3.97	4.02	-.954	.341	3.95	4.03	-1.802	.072
Q10	4.13	4.17	-.576	.565	4.18	4.18	0.000	1.000
Q11	3.91	3.82	1.505	.134	3.82	3.94	-2.323	.021
Q12	3.98	3.99	-.178	.859	3.99	4.07	-1.948	.052
Q13	3.94	4.01	-1.386	.167	3.93	4.07	-3.046	.002
Q14	3.78	3.78	.084	.933	3.70	3.98	-3.247	.001
Q15	3.77	3.78	-.165	.869	3.77	3.94	-3.167	.002
Q16	3.26	3.20	.882	.379	3.10	3.33	-3.483	.001
Q17	4.09	4.15	-1.211	.227	4.08	4.07	.097	.922
Q18	3.55	3.56	-.071	.943	3.52	3.64	-2.145	.033
Q19	4.00	3.82	2.738	.007	3.99	4.05	-1.187	.236
Q20	3.84	3.94	-1.550	.123	3.80	3.96	-3.071	.002

註：$p<0.05^{*}$, $p<0.01^{**}$, $p<0.001^{***}$

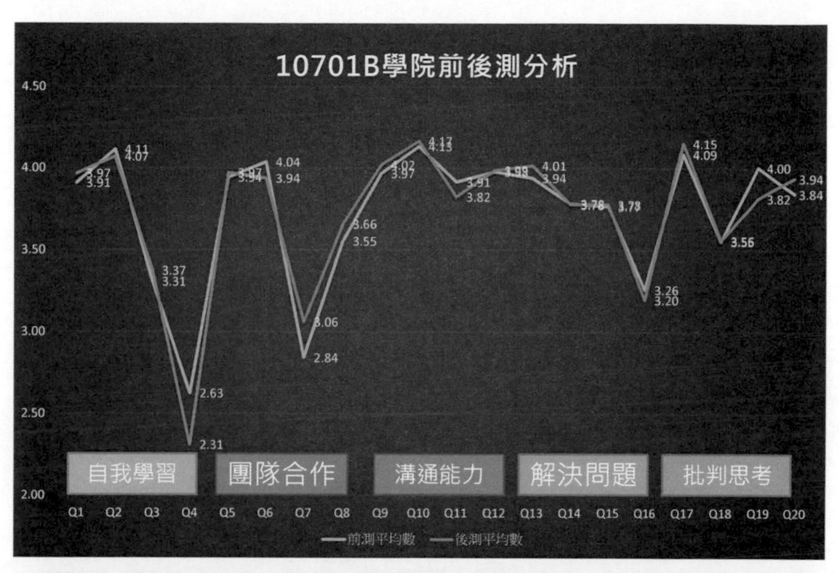

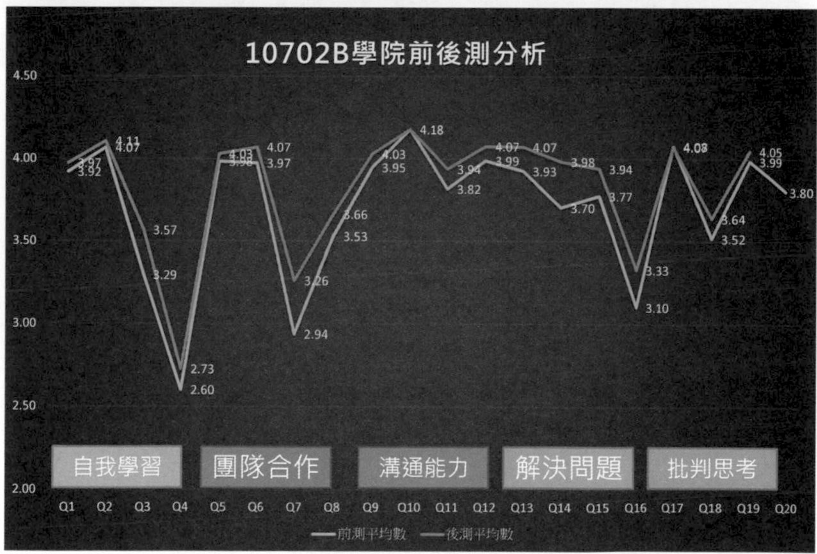

圖2　107學年度B學院學生五大能力差異圖

表10　C學院配對樣本t檢定

題項	10701				10702			
	前測平均數	後測平均數	t值	*p*值	前測平均數	後測平均數	t值	*p*值
Q1	4.16	4.15	.038	.970	3.96	4.09	-3.874	.000
Q2	4.10	4.25	-2.655	.008	4.10	4.25	-4.042	.000
Q3	3.51	3.84	-5.443	.000	3.34	3.68	-6.613	.000
Q4	2.64	2.53	1.459	.146	2.58	2.59	-.084	.933
Q5	3.91	4.03	-2.113	.036	3.97	4.14	-4.436	.000
Q6	4.02	4.17	-2.740	.007	4.00	4.23	-6.393	.000
Q7	2.83	3.26	-4.025	.000	2.90	3.31	-7.445	.000
Q8	3.53	3.55	-.383	.702	3.52	3.78	-5.818	.000
Q9	3.82	3.96	-3.087	.002	3.94	4.13	-5.547	.000
Q10	4.15	4.15	0.000	1.000	4.11	4.31	-5.444	.000
Q11	3.79	3.99	-3.948	.000	3.84	4.07	-5.982	.000
Q12	4.05	4.16	-2.381	.018	3.98	4.20	-6.014	.000
Q13	4.08	4.11	-.606	.545	3.99	4.19	-5.612	.000
Q14	3.69	3.90	-4.045	.000	3.73	3.97	-6.120	.000
Q15	3.92	4.09	-3.560	.000	3.96	4.13	-4.841	.000
Q16	3.15	3.34	-3.114	.002	3.11	3.46	-6.948	.000
Q17	4.16	4.23	-1.525	.129	4.15	4.33	-5.100	.000
Q18	3.55	3.62	-1.483	.139	3.45	3.59	-2.719	.007
Q19	4.02	4.06	-.554	.580	3.97	4.17	-4.509	.000
Q20	3.90	4.11	-4.236	.000	3.90	4.08	-4.918	.000

註：$p<0.05^{*}$, $p<0.01^{**}$, $p<0.001^{***}$

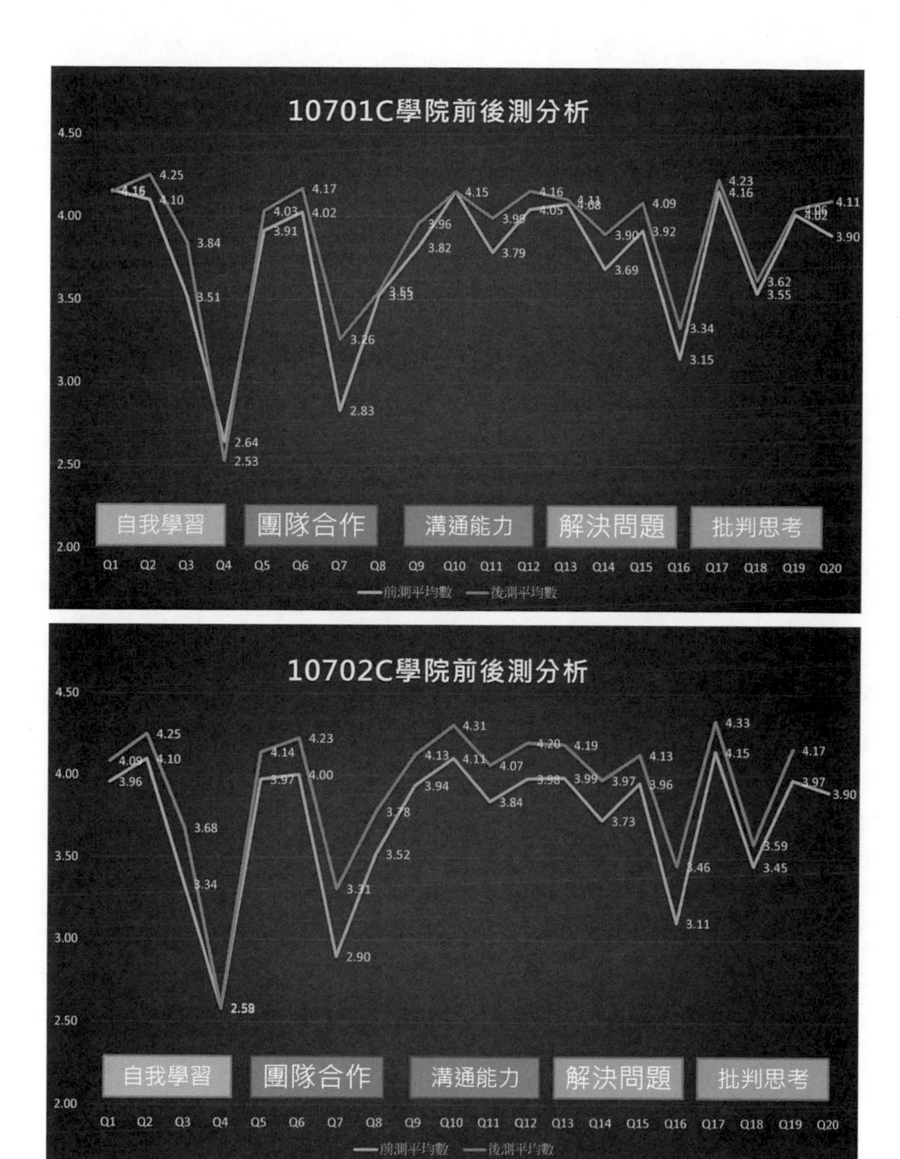

圖3　107學年度C學院學生五大能力差異圖

表11　D中心配對樣本t檢定

題項	10701				10702			
	前測平均數	後測平均數	t值	*p*值	前測平均數	後測平均數	t值	*p*值
Q1	4.00	4.14	-3.623	.000	4.12	4.36	-4.368	.000
Q2	4.01	4.09	-1.707	.089	4.12	4.37	-4.350	.000
Q3	3.52	3.75	-5.464	.000	3.57	3.81	-3.044	.003
Q4	2.97	3.06	-1.458	.146	2.77	2.59	1.826	.069
Q5	4.02	4.13	-3.167	.002	4.02	4.18	-2.661	.008
Q6	4.01	4.13	-3.185	.002	3.98	4.26	-4.688	.000
Q7	2.52	3.57	-9.877	.000	2.61	3.31	-7.787	.000
Q8	3.72	3.89	-4.164	.000	3.68	3.94	-3.684	.000
Q9	4.00	4.10	-2.836	.005	3.92	4.17	-4.496	.000
Q10	4.09	4.17	-2.172	.031	4.05	4.29	-4.474	.000
Q11	3.96	4.07	-2.726	.007	3.98	4.14	-2.662	.008
Q12	3.98	4.10	-3.167	.002	4.06	4.27	-3.474	.001
Q13	3.95	4.05	-2.726	.007	4.03	4.25	-3.485	.001
Q14	3.86	3.95	-2.501	.013	3.90	4.08	-2.694	.007
Q15	4.03	4.14	-2.832	.005	3.97	4.20	-3.605	.000
Q16	3.49	3.75	-5.862	.000	3.51	3.61	-1.096	.274
Q17	4.07	4.11	-1.235	.218	4.03	4.34	-4.726	.000
Q18	3.67	3.72	-1.144	.254	3.73	3.78	-.572	.568
Q19	3.95	4.10	-3.865	.000	4.00	4.19	-2.940	.004
Q20	4.00	4.10	-2.765	.006	3.89	4.18	-4.580	.000

註：$p<0.05^{*}, p<0.01^{**}, p<0.001^{***}$

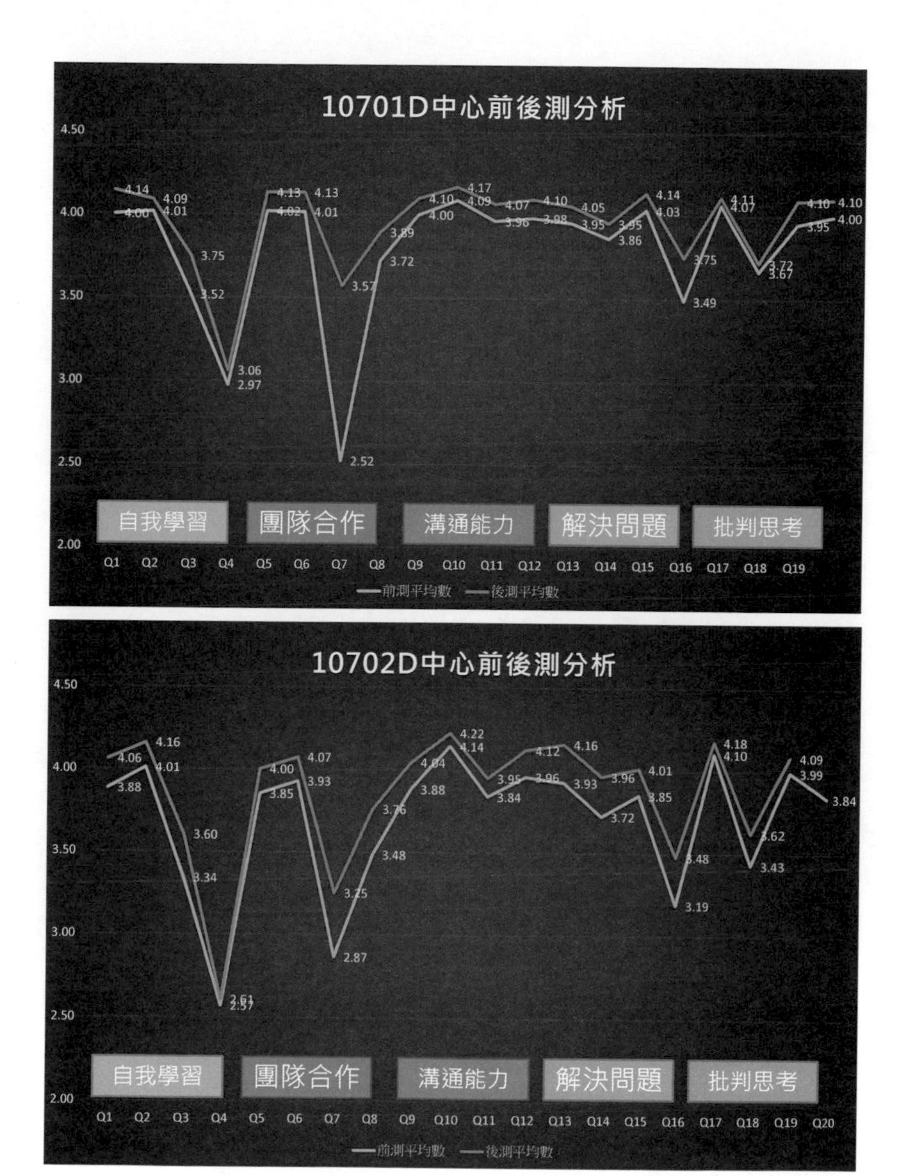

圖4　107學年度D中心學生五大能力差異圖

四、各學院五大能力變異數分析

表12　五大能力變異數分析

構面名稱		平方和	df	均方	F	顯著性
自我學習能力	群組之間	7.164	3	2.388	8.270	0.000
	組內	2323.334	8046	0.289		
	總計	2330.498	8049			
團隊合作能力	群組之間	8.025	3	2.675	10.244	0.000
	組內	2101.030	8046	0.261		
	總計	2109.055	8049			
溝通能力	群組之間	3.572	3	1.191	4.281	0.005
	組內	2237.800	8046	0.278		
	總計	2241.372	8049			
解決問題能力	群組之間	27.965	3	9.322	27.883	0.000
	組內	2689.964	8046	0.334		
	總計	2717.929	8049			
批判性思考	群組之間	8.414	3	2.805	9.137	0.000
	組內	2469.787	8046	0.307		
	總計	2478.201	8049			

表13　自我學習能力Scheffe事後比較表

依變數	（I）學院代碼	（J）學院代碼	平均值差異（I-J）	標準誤	顯著性
自我學習能力	A學院	B學院	0.04	0.02	0.12
		C學院	-.04758*	0.02	0.02
		D中心	-0.04	0.02	0.22
	B學院	A學院	-0.04	0.02	0.12
		C學院	-.08994***	0.02	0.00
		D中心	-.08019***	0.02	0.00
	C學院	A學院	.04758*	0.02	0.02
		B學院	.08994*	0.02	0.00
		D中心	0.01	0.02	0.97
	D中心	A學院	0.04	0.02	0.22
		B學院	.08019***	0.02	0.00
		C學院	-0.01	0.02	0.97

表14　團隊合作能力Scheffe事後比較表

依變數	（I）學院代碼	（J）學院代碼	平均值差異（I-J）	標準誤	顯著性
團隊合作能力	A學院	B學院	0.00	0.02	0.99
		C學院	-.04652*	0.01	0.02
		D中心	-.08247*	0.02	0.00
	B學院	A學院	-0.00	0.02	0.99
		C學院	-0.05	0.02	0.06
		D中心	-.08720***	0.02	0.00
	C學院	A學院	.04652*	0.01	0.02
		B學院	0.05	0.02	0.06
		D中心	-0.04	0.02	0.33
	D中心	A學院	.08247***	0.02	0.00
		B學院	.08720***	0.02	0.00
		C學院	0.04	0.02	0.33

表15 溝通能力Scheffe事後比較表

依變數	（I）學院代碼	（J）學院代碼	平均值差異（I-J）	標準誤	顯著性
溝通能力	A學院	B學院	0.03	0.02	0.48
		C學院	-0.01	0.02	0.81
		D中心	-0.05	0.02	0.07
	B學院	A學院	-0.03	0.02	0.48
		C學院	-0.04	0.02	0.20
		D中心	-.07402**	0.02	0.01
	C學院	A學院	0.01	0.02	0.81
		B學院	0.04	0.02	0.20
		D中心	-0.03	0.02	0.47
	D中心	A學院	0.05	0.02	0.07
		B學院	.07402**	0.02	0.01
		C學院	0.03	0.02	0.47

表16 解決問題能力Scheffe事後比較表

依變數	（I）學院代碼	（J）學院代碼	平均值差異（I-J）	標準誤	顯著性
解決問題能力	A學院	B學院	.09152*	0.02	0.00
		C學院	-0.01	0.02	0.98
		D中心	-.12386***	0.02	0.00
	B學院	A學院	-.09152***	0.02	0.00
		C學院	-.09816***	0.02	0.00
		D中心	-.21538***	0.02	0.00
	C學院	A學院	0.01	0.02	0.98
		B學院	.09816***	0.02	0.00
		D中心	-.11722***	0.02	0.00
	D中心	A學院	.12386***	0.02	0.00
		B學院	.21538***	0.02	0.00
		C學院	.11722***	0.02	0.00

表17　批判性思考Scheffe事後比較表

依變數	（I）學院代碼	（J）學院代碼	平均值差異（I-J）	標準誤	顯著性
批判性思考	A學院	B學院	0.05	0.02	0.09
		C學院	-0.03	0.02	0.35
		D中心	-.06535**	0.02	0.01
	B學院	A學院	-0.05	0.02	0.09
		C學院	-.07480***	0.02	0.00
		D中心	-.11121***	0.02	0.00
	C學院	A學院	0.03	0.02	0.35
		B學院	.07480***	0.02	0.00
		D中心	-0.04	0.02	0.39
	D中心	A學院	.06535**	0.02	0.01
		B學院	.11121***	0.02	0.00
		C學院	0.04	0.02	0.39

四、小結

本研究在於探討透過教育部高等教育深耕計畫資助下的創新教學課程，對不同學院學生學習成效的影響。透過107學年度開始和結束時的問卷調查，我們觀察到學生在自我學習能力、團隊合作能力、溝通能力、解決問題能力以及批判性思考能力等方面均有顯著的提升。值得注意的是，這些提升在不同學院間展現出了差異性，這些差異揭示了創新教學方法在不同學科背景下的適應性和成效。

在A學院中，學生在特定能力的提升上未達到顯著水平，這可能是因為A學院的課程特性、學生學習習慣與高教深耕預計採用之創新教學方法有所出入使得剛推動之初研究結果未達顯著水準。與此相比，B學院的學生在第二學期的學習成效有顯著的提升，特別是在團隊合作能力和溝通能力方面，這可能是因為B學院的課程設計和教學方法與學生的學習需求和背景，在此兩項能力之提升成效較為顯著。

C學院和D中心的學生在創新教學課程中的學習成效提升尤為顯著，表明課程內容和教學策略在這些領域被有效地應用與實施。C學院學生在批判性思考能力上的提升尤為突出，可能與C學院強調批判性分析和獨立思考的教學理念緊密相關。D中心通過提供跨學科的微學分課程，為學生提供了豐富多樣的學習機會，促進了學生在多個能力領域的均衡發展。

綜合上述，創新教學課程對於提升學生的關鍵能力具有顯著效果，但這種效果在不同學院間存在差異。這些差異強調了在實施創新教學策略時，需要考慮學科特性、學生背景和課程內容的匹配度。因此，未來的教學改革和課程設計應更加注重個性化和差異化，以確保教學方法能夠滿足不同學院學生的具體需求。

基於上述研究結果，個案學校將建議教師在推動創新教學項目時，採取更靈活多樣的教學策略，為不同背景的學生提供多樣化的學習支援。同時，持續對教學成果進行評估，以確保教育資源的有效利用，並不斷優化調整教學方法，提升所有學生的學習成效。

基於上述，本研究個案學校在將自我學習能力、團隊合作能力、溝通能力、解決問替能力、批判性思考能力納入研究，了解大學生在創新教學課程中，是否有自覺學習成效有提升，在提出五項假設，獲得假設一到假設五均成立。

表11　研究結果一欄表

假設	研究結果
假設一：大學生課後創新教學課程學習成效中自我學習能力比課前成效好	成立
假設二：大學生課後創新教學課程學習成效中團隊合作能力比課前成效好	成立
假設三：大學生課後創新教學課程學習成效中溝通能力比課前成效好	成立
假設四：大學生課後創新教學課程學習成效中解決問題能力比課前成效好	成立
假設五：大學生課後創新教學課程學習成效中批判性思考能力比課前成效好	成立

伍、結論

一、結論

本研究旨在探討學生修讀創新教學課程學習成效之影響因素，以個案學校為例，採用問卷調查法，對受補助之課程學生進行各項土徑分析，並以自我學習能力、團隊合作能力、溝通能力、解決問題能力、批判性思考五大面向作為學習成效的評量指標。本研究參考印第安納大學National Survey of Student Engagement及加州大學洛杉磯分校高等教育研究中心（UCLA Higher Education Research Institute College Senior Survey）公告於網路上之調查問卷題項概念與分類，配合教育部高教深耕推動落實創新教學概念、以及前述文獻推導，最終以問題導向學習（Problem-Based Learning, PBL）進行問卷設計，此問卷設計之理念與林真瑜、曾惠珍、李子奇、金繼春、簡淑媛、黃玉珠、周汎澔（2010）、Barron and Wells（2013）相似，本問卷與上述不同之處為可反映出教育部推動高教深耕推動之重要意涵。此研究結果與研究目的一評估創新教學課程對學生關鍵能力的影響不謀而合，這項發現不僅證實了創新教學方法如問題導向學習（PBL）在促進學生關鍵能力發展方面的有效性，也顯示了這些教學方法能夠幫助學生更好地適應未來的工作和社會挑戰。未來個案學校將持續配合教育部政策支持教師進行教學創新，特別是那些能夠促進學生關鍵能力發展和應對未來挑戰的教學方法，如問題導向學習和跨學科學習項目，以協助學生縮短學用落差、無縫接軌業界實務工作。

本研究發現，學生修讀創新教學課程後，其學習成效在五大面向均有顯著提升，顯示創新教學課程對於學生的學習有正面的影響。這與文獻中指出，創新教學課程能夠激發學生的學習動機、增加學生的學習參與度、提高學生的學習效率和品質等觀點相符（McMillan and Little, 2016; Yew and Goh, 2016; Chung and Lee, 2018）。學生的自我學習能力和團隊合作能力亦是影響學習成效的重要因素，而且兩者之間存在正向的相關關係。這意味著，學生在創新教學課程中，不僅能夠通過自主學習的方式，獲得知識和技能，還能夠通過與同儕的合作，培養溝通、協調、領導等能力。這與文獻中提出，自主學習和團隊合作是21世紀所需的重要技能，能夠幫助學生適應未來的社會和職場的需求（Corebima, 2007; Schnugg and Song, 2020; Christensen et al., 2019）。創新教學課程中，問題導向學習（PBL）和資訊輔助工具的融入，對於學生的學習成效有顯著的正向影響。這表明，PBL和資訊輔助工具能夠提供學生一個與現實世界相關的學習情境，激發學生的學習興趣和動機，促進學生的問題解決能力和批判性思維能力，並增強學生的學習反思和自我評估能力。這與文獻中認為，PBL和資訊輔助工具是有效的教學策略，能夠促進學生的深層學習和終身學習（Brown et al., 1989; Hrynchak and Batty, 2012; Jaleniauskiene, 2016; Maastricht University, 2023）。此研究結果回應本研究目的之二探索問題導向學習與不同學院學生之學習效果，雖然本校學生的學習成效普遍提升，但不同學院學生對創新教學課程的反應存在差異。這些差異可能源於學生的學習背景、興趣和專業需求。特別是在一些學院中，學生在特定能力方面的提升未達預期效果，這提示需要根據學生的具體需求調整和優化教學設計。故未來基於不同學院學生的學習效果差異，學校將鼓勵和支持各學院開發和實施差異化的教學策略，以滿足不同學生群體的學習需求和專業發展目標。

從兩學期之學生各項能力前後測結果來看，創新教學策略不僅在學期末顯示出對學生能力的顯著提升，更暗示了各種創新教學方法對學生可能產生持續的正面影響。這表明，創新教學不僅對學生當前的學習成效有益，也對其未來的學習和職業生涯發展具有重要意義，此研究結果回應本研究目的之三，評量創新教學策略對學生學習成效之長期影響。個案學校為了有效實施創新教學策略，將透過教務處教學發展組加強對教師的專業發展和培訓，特別是在如何設計和實施差異化教學、並鼓勵教師使用不同教育技術工具進行教學，以及評估學生創新教學下之各項學習成效。

二、實務意涵

本研究的結果對於教育單位在推動高等教育深耕計畫時提供了寶貴的參考，特別是在如何有效利用創新教學策略來提升學生學習成效方面。為了最大化創新教學的效益，建議教育單位和學校採取以下具體且建設性的作法：

1. **個性化與彈性的創新教學計畫：**鑒於不同學院學生在學習成效上的差異，各大專校院應推動學校發展更為具學校特色和彈性之創新教學計畫。包括根據學生的學習習慣、興趣和職業目標來調整課程內容和教學方法，並提供多樣化的學習資源和平台，以滿足不同學生的需求。
2. **加強師資培訓與跨領域教師團隊建設：**應定期舉辦創新教學法的專業發展培訓，尤其是針對問題導向學習、跨領域探索等教學方法。同時，鼓勵建立跨領域教師團隊，共同設計和執行課程，促進學科間的互動和學習成效的提升。
3. **建立學習成效追蹤和反饋機制：**學校應建立一套完善的學習成效追蹤和反饋機制，不僅限於課程結束後的評估，還包括學習過程中的即時反饋。利用數據分析工具來追蹤學生的學習進展，並根據反饋調整教學策略，以實現持續改進。

三、研究建議

根據本研究結果，為了進一步提升創新教學的效果並擴大其影響範圍，提出以下研究建議：

1. **擴大與深化研究的範圍與方法：**本研究的樣本來自個案學校的部分受補助之課程，可能無法代表所有的創新教學課程和學生。未來的研究建議擴大到更多的學校和學院，包括不同類型和規模的大專校院，以便更全面地評估創新教學策略的效果。此外，結合量化和質化的研究方法，如深度訪談和案例研究，可以更深入地理解創新教學對學生學習的影響。
2. **優化學習成效評估工具與方法：**本研究主要採用問卷調查法，雖然可以獲得大量的數據，但可能無法深入了解學生的學習過程和經驗。因此，未來的研究可以採用更多元的研究方法，進一步開發和優化學習成效的評估工具，包括學習成就測試、學習態度問卷、學習策略評估等。這些工具應能夠有效地反映學生在創新教學環境下的學習進展和成果。
3. **探索創新教學對不同學生群體的影響：**本研究主要探討創新教學課程對於學生學習成效的影響，但未能涵蓋所有可能的影響因素，僅考慮到學生背景（如性別、年級、專業等）對學習成效的潛在影響，未來研究應深入探討這些變量如何影響創新教學的效果，並採用多變量分析、迴歸分析、結構方程模式等統計方法，以探討學習成效的影響因素和關係，這將有助於設計更加精準和有效的教學策略，以滿足不同學生群體的需求。
4. **進行長期成效研究：**本研究的資料收集時間較短，可能無法反映學生的長期學習成效和變化。因此，未來的研究可以進行長期的追蹤研究，以觀察學生的學習成效的持續性和穩定性，並探討創新教學課程對於學生的長期影響。或建議進行長期追蹤研究，以評估創新教學策略對學生長期學習成效和職業發展的影響。擴充研究時間與連動到就業穩定，將有助於了解創新教學在學生未來學習和工作中的持續性影響，從而為教育政策和實踐提供更加堅實的證據基礎。

通過本研究，我們深刻理解了創新教學策略，特別是問題導向學習（PBL）在提升學生學習成效方面的重要性。然而，也發現到學生學習成效的提升在不同學院間存在顯著差異，提示我們在未來的教學設計和實施中需要更多地考慮教學策略與學生需求之間的匹配。此外，透過對教師進行專業培訓，以及建立有效的學習成效追蹤和反饋機制，可以進一步提升教學質量，確保每位學生都能從創新教學中獲益。未來，隨著教育科技的不斷進步和教學方法的不斷創新，期待能夠為學生提供更加豐富、有效和個性化的學習體驗。

參考文獻

一、中文文獻

古正欣（2018）。大學學生在學期間自我評價的改變。雙溪教育論壇，7，45-59。

巫俊采（2022）。結合團隊導向學習與實務學習體驗之教學實踐研究。教學實踐與創新，5（2），53-110。DOI：10.53106/261654492022090502002

李隆盛（1996）。工藝科教材教法新趨勢：模組化的課程設計與解決問題的教學策略。科技與技職教育的課題。臺北市：師大書苑。

林真瑜、曾惠珍、李子奇、金繼春、簡淑媛、黃玉珠、周汎澔（2010）。問題導向學習評量之建構。醫學教育，14（1），26-48。DOI：10.6145/jme.201003_14(1).0004

林真瑜、繼春、周汎澔（2008）。問題導向學習、護理教育與台灣現況之概述。嘉基護理，8（2），11-15。DOI：https://doi.org/10.29936/

DMFCCHJN.200811.0002

教育部（2022）。1111219高等教育深耕計畫第二期計畫書（行政院核定版），https://www.edu.tw/News_Plan_Content.aspx?n=D33B55D537402BAA&sms=954974C68391B710&s=333F49BA4480CC5B

陳欽雨、蔡宜雯（2016）。服務業員工自我概念、正向態度與專業契合對升遷機會之影響。人力資源管理學報，16（2），81-114。

陳麗糸（2018）。問題導向學習與團隊導向學習。於周汎澔（總校閱），創新教學於護理之運用（pp. 111-124）。華杏出版。

彭耀平、顏炘怡（2018）。跨域創新教學課程對學生學習成效與學生能力影響之研究。玄奘大學教學實務研究論叢，第六期，55-74。DOI：https://doi.org/10.6837/ncnu202000325

劉毓芬（2013）。PBL應用於通識課程問題設計研究—以資訊素養與倫理課程為例。通識學刊：理念與實務，2（2），225-240。DOI：https://doi.org/10.6427/JGECP.201306_2(2).0012

二、英文文獻

Al-Kloub, M. I., Salameh, T. N., & Froelicher, E. S. (2014). Nursing students' evaluation of problem-based learning and the impact of culture on the learning process and outcomes: A pilot project. *Nurse Education in Practice, 14*(2), 142-147.

Amin, S., Utaya, S., Bachri, S., Sumarmi, S., & Susilo, S. (2020). Effect of problem-based learning on critical thinking skill and environmental attitude. *Journal for the Education of Gifted Young Scientists, 8*(2), 743–755.

Australian Nursing and Midwifery Council (ANMAC). (2018). Review of registered nurse accreditation standards. Consultation Paper 2. Canberra: ANMAC.

Barrett, D. (2012). How 'flipping' the classroom can improve the traditional lecture. *The Chronicle of Higher Education, 58*(25), 16–18.

Barrett, T. (2010). The problem-based learning process as finding and being in flow. *Innovations in Education and Teaching International, 47*(2), 165–174.

Barron, L., & Wells, L. (2013). Transitioning to the real world through problem-based learning: A collaborative approach to teacher preparation. *Journal of Learning Development in Higher Education, 9*(2), 13–18.

Barrows, H. S., & Tamblyn, R. M. (1980). *Problem-based learning: An approach to medical education*. New York: Springer Publishing Company.

Brown, J. S., Collins, A., & Duguid, P. (1989). Situated cognition and the culture of learning. *Educational Researcher, 18*(1), 32-42.

Byun, H. W. (2020). Efficacy verification of team learning satisfaction, problem solving ability, and communication ability of problem-solving process classes applying action learning, problem-based learning, and mentoring. *Journal of Problem-Based Learning,* 7(2), 63-73.

Carini, R. M., Kuh, G. D., & Klein, S. P. (2006). Student engagement and student learning: Testing the linkages. *Research in Higher Education, 47*(1), 1-32.

Christensen, J., Harrison, J. L., Hollindale, J., & Wood, K. (2019). Implementing team-based learning (TBL) in accounting courses. *Accounting Education, 28*(2), 195-219.

Chung, E. J., & Lee, B. H. (2018). The effects of flipped learning on learning motivation and attitudes in a class of college physical therapy students. *Journal of Problem-Based Learning, 5*(1), 29-36.

Corebima, A. D. (2007, May). Learning strategies having bigger potency to empower thinking skill and concept gaining of lower academic students. Proceedings of the Redesigning Pedagogy: Culture, Knowledge and Understanding Conference, 35-43.

Anggraeni, D. M., Prahani, B. K., Suprapto, N., Shofiyah, N., & Jatmiko, B. (2023). Systematic review of problem-based learning research in fostering critical thinking skills. *Thinking Skills and Creativity, 49*, 101334.

Dewey, J. (1944). *Democracy and education*. New York: The Free Press.

Dochy, F., Segers, M., & Buehl, M. M. (1999). The relation between assessment practices and outcomes of studies: The case of research on prior knowledge. *Review of Educational Research, 69*, 145-186.

dos Santos, S.C. (2017). PBL-SEE: An authentic assessment model for PBL-based software engineering education. *IEEE Transactions on Education, 60*(2), 120–126.

Everett, J. B., & Bischoff, M. (2021). Creating connections: Engaging student library employees through experiential learning. *Journal of Library Administration, 61*(4),

403-420.

Ewell, P. (2006). Applying student learning outcomes concepts and approaches at Hong Kong higher education institutions: Current status and future directions. *National Center for Higher Education Management, 54*(2), 1-21.

Giroux, H. (2016). Beyond pedagogies of repression. *Monthly Review, 67*(10), 57–71.

Ha, C. Y., & Lee, S. Y. (2014). The effect of the team-based learning model on critical thinking and self-directed learning in elementary science class. *East-West Nursing Research Journal, 20*(2), 154–159.

Ha, J. (2018). A study on the development and effectiveness of a teaching-learning model based on flipped learning and PBL. *Journal of Problem-Based Learning, 5*(1), 45-54.

Hair, J. F., Black, W. C., Babin, B. J., Anderson, R. E., & Tatham, R. L. (2006). *Multivariate data analysis* (6th ed.). Prentice-Hall.

Halpern, D. F. (2014). Thought and knowledge: An introduction to critical thinking (5th ed.). Psychology Press.

Hashim, I., & Samsudin, S. (2020). Practices of problem-based learning (PBL) in teaching Islamic studies in Malaysian public universities. *International Journal of Innovation, Creativity and Change, 11*(10), 117-129.

Herreid, C. F., & Schiller, N. A. (2013). Case studies and the flipped classroom. *Journal of College Science Teaching, 42*(5), 62–66.

Hrynchak, P., & Batty, H. (2012). The educational theory basis of team-based learning. *Medical Teacher, 34*(10), 796-801.

Hung, W., Dolmans, D. H. J. M., & van Merriënboer, J. J. G. (2019). A review to identify key perspectives in PBL meta-analyses and reviews: Trends, gaps and future research directions. *Advances in Health Sciences Education, 24*(5), 943-957.

Hwang, S. L. (2002). Learning assessment of student-centered. *Journal of Education, 1*(2), 3-24.

Hyytinen, H., Toom, A., & Shavelson, R. J. (2019). Enhancing scientific thinking through the development of critical thinking in higher education. In M. Murtonen & K. Balloo (Eds.), *Redefining scientific thinking for higher education* (pp. 29-78). Cham: Palgrave Macmillan.

Ito, M., Murakami, K., Ono, S., & McMillan, M. (2021). Reflections on critical thinking in the nursing process and Japanese nurse education. *Journal of Problem-Based Learning, 8*(1), 41-50.

Jaleniauskiene, E. (2016). Revitalizing foreign language learning in higher education using a PBL curriculum. *Procedia - Social and Behavioral Sciences, 232*, 265–275.

Jaleniauskienė, E. (2016). Revitalizing foreign language learning in higher education using a PBL curriculum. *Procedia - Social and Behavioral Sciences, 232*, 265-275.

Kim, Y. K., & Kim, N. R. (2015). Design and implementation of team-based learning of 'Pharmacology'. *Learner-Centered Curriculum Education Research, 15*(4), 309–334.

Kusumi, T. (2015). Critical thinking on education: Examination based on the nursing process. *Journal of Japan Society of Nursing Diagnosis, 20*(1), 33–38.

Lee, K. H., & Son, N. R. (2012). The effects of team-based learning on early childhood play guidance: Focusing on learning attitude, learning motivation, and academic self-efficacy. *Thinking Development, 8*(2), 151–170.

McIntyre,S. (2014). Reducing the digital literacy divide through disruptive innovation. *HERDSA Review of Higher Education, 1*, 83-106.

McMillan, M., & Little, P. (2016). Determining the sustainability of a model of PBL: A conceptual framework. *Journal of Problem-Based Learning, 3*(1), 1-8.

McMillan, M. A. (2022). Learning and teaching: Providing support to staff and students in uncertain times. *Journal of Problem-Based Learning, 9*(2), 57-59.

Michaelsen, L. K., Davidson, N., & Major, C. H. (2014). Team-based learning practices and principles in comparison with cooperative learning and problem-based learning. *Journal on Excellence in College Teaching, 25*(3&4), 57-84.

Shinde, G. S. (2010). Review of higher education & self-learning. *Review of Higher Education & Self-Learning, 3*(7), 54-67.

Ozden, M. (2008). Improving science and technology education achievement using mastery learning model. *World Applied Sciences Journal, 5*(1), 62-67.

Park, S. B. (2017). The influence of medical students' self-directed learning ability on problem-solving and self-efficacy in clinical performance. [Dissertation]. Soongsil University Graduate School of Education.

Rideout, E., England-Oxford, V., Brown, B., Fothergill-Bourbonnais, F., Ingram, C., Benson, G., Ross, M., & Coates, A. (2002). A comparison of problem-based and conventional curricula in nursing education. *Advances in Health Science Education Theory and Practice,* 7(1), 3-17.

Roehl, A., Reddy, S. L., & Shannon, G. J. (2013). The flipped classroom: An opportunity to engage millennial students through active learning strategies. *Journal of Family and Consumer Sciences, 105*(2), 44–49.

Ryu, D. Y. (2014). The structural relationship among elementary school teacher's communication competence, school organization culture, teacher efficacy, and subjective happiness. [Dissertation]. Soongsil University.

Treloar, A., McMillan, M., Stone, T., & Kim, M. (2019). Developing criteria for the selection of contemporary stimulus material in mental health nursing education: Engaging students and meeting curriculum goals - Part 1: Critical analysis of simulation and stimulus material in mental health nursing education. *Journal of Problem-Based Learning, 6*(1), 10-20.

UCLA Higher Education Research Institute College Senior Survey. (n.d.). https://www.limesurvey.org/welcome/academic-surveys?gclid=CjwKCAiAjrarBhAWEiwA2qWdCMdeuANkm6VEEp_4jXurmpNYt7uth2AXKjVo3cHXDtCGqk9V_PgnoxoCex8QAvD_BwE

UNESCO. (2017). Education for sustainable development goals: Learning objectives. Paris: UNESCO.

Wells, S. H., Warelow, P. J., & Jackson, K. L. (2009). Problem-based learning (PBL): A conundrum. *Contemporary Nurse, 33*(2), 191-201.

Heong, Y. M., Hamdan, N., Ching, K. B., Kiong, T. T., & Azid, N. (2020). Development of integrated creative and critical thinking module in problem-based learning to solve problems. *International Journal of Scientific & Technology Research, 9*(3), 6567-6571.

Yew, E. H. J., & Goh, K. (2016). Problem-based learning: An overview of its process and impact on learning. *Health Professions Education, 2*(2), 75-79.

疫情下大專院校行政人員之內部危機溝通、組織信任、心理資本與團體學習行為之關係

中山大學教育研究所碩士
李炘芸

中山大學教育研究所師培中心助理教授
林靜慧

壹、緒論

自2020年COVID-19疫情在全世界蔓延以來，衝擊經濟、生活、教育等各個層面。根據聯合國教科文組織（2021）統計，全球有188個國家實施學校停課，超過15億學習者和超過6300萬教師流離失所。在臺灣教育部為降低群聚感染之風險，宣布自110年5月19日起至5月28日止，全國各級學校及公私立幼兒園停止到校上課，改採線上遠距教學。同時頒布《大專院校因應嚴重特殊傳染性肺炎防疫管理指引》等相關措施，以指引學校面對各類之突發狀況。在COVID-19疫情之衝擊下，面對學校教學、行政模式以及校園生態於短時間內巨大的改變，學校行政人員如何針對其變化制定有效的防疫措施與因應策略，使校園恢復正常運作，係為校園危機處理的重要歷程與關鍵（林玫君等，2021）。

以《大專院校嚴重特殊傳染性肺炎防治工作綱要》的建置為例，該綱要提供各大專院校於開學前能動員全校各相關單位提出相

關因應措施，以提供一個安全健康的校園環境並維持學校功能正常運作。其內涵包含平時防疫整備之預警機制、病例發生的立即處理的處理機制以及校園復原與重建的善後處理機制，而訊息溝通與傳遞協調冠貫穿於三個階段中（教育部，2020）。Macnamara（2021）提及雖然許多行動必然關注外部利益相關者，包括學生、研究資助者和政府，但內部溝通是管理和溝通的首要任務，為有效傳達學校訊息以及決策，內部溝通的順暢即為十分重要的，再加上危機溝通的不足會嚴重影響成員的支持，並可能導致負面的溝通行為，進而損害組織的聲譽，而通過適當之危機溝通策略則有助於來減輕危機的發生（Einwiller et al., 2021）。因此，在疫情流行期間，組織迫切需要行政人員持續的工作參與，以保持組織的溝通、協作和正常運作。

在面對充滿不確定性且需要迅速做出決策的危機期間，行政人員易產生不安、工作無力感以及壓力，進而影響其對於學校的組織承諾，因此，為促進共識之凝聚，建立其信任與承諾是首要之任務（黃靖文等，2021；張國英等，2021）。信任於多方面皆佔有重要之地位，其促成合作行為、促進適應性組織形式，同時也促進組織能有效應對危機（Rousseau et al., 1998）。其中，工作的參與是獲得行政人員信任支持的重要因素，相反的，糟糕的危機溝通可能會帶來負向結果（Einwiller et al., 2021）。不僅如此，行政人員是許多外部利益相關者的第一線接觸者，故其所建立的形象以及提供之資訊影響人們對組織危機管理的印象，所以優先考慮可以減少不確定性和建立信任的內部溝通至關重要（Heide & Simonsson, 2021）。

疫情所帶來的各項改變雖然容易造成行政人員的不安感受以及壓力，但若行政人員具備樂觀、希望、韌性與自我效能之組成心理資本的重要因素，則可以有效的協助行政人員處理不安情緒以及壓力（陳殷哲、賴儀娟，2021）。同時，正向情緒有助於個體對外部環境的解讀，促使其採用更積極的因應策略以回應外部需求，且更可能產生良好的績效（林惠彥等，2012），因此行政人員具正向的心理資本是極為重要的。

此外，藉由良好的溝通與組織信任更能促進彼此間資源的共享以及與其他同仁達到互相理解與分享自我感受（李雨芹，2020）。故為能有效提升疫情下之行政效能，行政人員具有相互吸引及願意共同合作的團隊精神，進而認同並實踐團隊之策略及目標為組織需重視。因此，行政人員是否具有願意共享知識給同事、以團隊為基礎與同事共同進行反思以及願意跨越組織邊界來獲取不同之訊息，最後並將資訊儲存的團體學習行為，也為本研究所欲瞭解的。最後，如同Blau（1968）所提出之社會交換理論所描述，關係是基於互惠的，如果組織成員認為組織能滿足成員對於內部危機溝通的需求，進而能對組織抱持信任、願意為組織付出，是否會對於組織抱持正向之態度，同時更有意願進行團隊之間的交流，而能正向的預期組織並推進團隊的學習行為，以共同面對危機並進行快速之應對。綜合以上，本研究期望瞭解在變化多端的疫情之下，組織的內部危機溝通與行政人員的組織信任、心理資本以及團體學習行為之間的關係，以提供組織在未來面臨重大危機時，能加以關注的層面。

研究目的與問題

基於上述之研究背景與動機，本研究探討大專院校學校的內部危機溝通、行政人員之組織信任、心理資本與團體學習行為之間的影響，期以提出相關建議，以提供行政機關於未來面臨危機時可加以參考之依據。依據前述的研究目的，提出以下研究問題：

（一）組織的內部危機溝通、組織信任、心理資本以及團體學習行為之間的相關情形為何？

（二）組織內部危機溝通透過組織信任之中介效果，對於行政人員的心理資本以及團體學習行為之間的影響性？

（三）組織的內部危機溝是否透過心理資本影響行政人員的團體學習行為？

貳、文獻探討

本研究之目的在探討大專院校學校的內部危機溝通對於行政人員之組織信任、心理資本與團體學習行為的影響，以下分別說明各變項之內涵以及統整相關之研究，茲分述如下。

一、內部危機溝通

內部危機溝通（Internal Crisis Communication, ICC）採用社會建構主義的觀點，將危機視為一個動態的過程，包括三個階段：危機前、危機應對和危機後。而其涉及所有組織成員之間的溝通並強調成員的觀點。成員在過程中扮演接收者、發送者和感知者等多重角色（Mazzei & Butera, 2021；Heide & Simonsson, 2021）。在內部危機溝通中，行政人員不僅需解釋和理解組織的內、外部危機溝通的情況，更在內部被視為信息的被動接收者，於外部被期望作為資訊的發送者和主動溝通者（Einwiller et al., 2021；Heide & Simonsson, 2021）。因此，內部危機溝通不僅只保留於組織「容器」（組織的正式或物質邊界）內的溝通，更是橫跨組織之邊界。同時，行政人員處於組織的前端，是許多外部利益相關者的聯繫人，故具有積極而關鍵的溝通角色。行政人員所創造的形象和與外部之利益相關者之互動，即會影響外部關係利益者對於組織危機管理能力的看法（Heide & Simonsson, 2021）。同時，在具複雜和模糊性的疫情下，行政人員通常希望了解正在發生的事情以及發生與決定之原委，若在對於工作特性及資源無法精準掌握的情形下，會產生對工作的焦慮感，進而降低行政人員對於組織的承諾，故提供準確、及時的資訊是首要關注的事項（黃靖文等，2021；Einwiller et ai., 2021; Mazzei & Butera, 2021）。且如社會交換理論中，關係是基於互惠的，為了在疫情期間從行政人員那裡獲得支持，組織管理層也需要為其成員提供支持，該支持所包含之層面除了經濟補償之外，更強調認知和情感層面的作用（Blau, 1968; Einwiller et al., 2021）。統整以上，內部危機溝通具有以下特性：

（一）行政人員在過程中扮演多重的角色。

（二）行政人員會影響外部利益者對組織的看法。

（三）危機發生時行政人員對於資訊的要求高。

（四）內部危機溝通會影響行政人員的組織認同。

二、組織信任

溝通既是建立信任的過程，也是信任積累或減損的指標。因此，學校保有暢通的正式與非正式溝通網絡是修復信任的首要任務（阮光勳，2021）。根據社會交換理論，組織資源的配置會影響組織行政人員對於組織的態度以及所產生的行為，因此組織信任為一種組織與成員相互依賴的關係，是成員對組織具有信心和支持情感的展現（Blau, 1968; Einwilleret al., 2021）。信任除了為一種意願或信念，也包含願意基於信任而採取行動，進而使自身處於不確定的風險中（李雨芹，2020），王亞德（2014）也將組織信任歸納為建立在對方正向的行為預期、願意承擔風險並趨於劣勢、對不同對象會產生不同之信任。故信任可以有效的促進社會之運作並為組織帶來實際效益，是組織發展和促進組織績效的核心之（黃雅萱，2022）。

組織信任是一個多構面的概念，且信任類型的多樣化也顯示出信任會因情境的改變而有所不同的樣態（許光純，2010；黃雅萱，2022）。而為瞭解於疫情下行政人員在理性與情感上對於組織所抱有的信任之差異，本研究採用McAllister（1995）區分之基於認知下，藉由人格特質、相關能力的強弱等人們認為具充分理由之理性的選擇後所產生的認知型信任，以及基於情感之基礎、是內心情感所產生的感性之信任的情感型信任作為探討組織信任之定義。

三、心理資本

過去心理學主要聚焦於負面身心狀況所帶來之影響，並將其視為一種精神上的疾病，而正向心理學則關注積極的主觀經驗、個人特質和態度，以建立優良之生活品質、增加人們之復原力並有助於疾病的預防。本研究採用Luthans與Youssef（2004）所提出的心理資本，作為探究行政人員於疫情下之心理狀態的探究。Luthans與Youssef（2004）由正向心理學和正向組織行為學的觀點切入，主張心理資本是指人的積極心理狀態，為自我效能（self-efficacy）、樂觀（optimism）、希望（hope）和韌性（resilience）四構面組合成的一個構念，故在充滿不確定的疫情下，如果行政人員具備較正向的態度，將有助於個體對外部環境的解讀以及處理不安與焦慮的情緒（林惠彥等，2012；陳殷哲、賴儀娟，2021）。

四、團體學習行為

在疫情下，為有效推動各項防疫相關規定，仰賴校內各單位相互的合作以及具有願意為團隊付出的認同感與目標。而良好的溝通與具有高度信任的組織會公開更多有意義且準確的資訊，展現更高層次的組織公民行為（阮光勳，2021；Heide與Simonsson, 2021）。Decuyper等（2010）將團體學習行為區分知識共享、團隊反思、跨越組織之邊界與知識的儲存和檢索四層面。團體學習行為是團隊成員執行的一系列行為之過程，並通過這些行為使用他們的資源（知識、技能）與團體中之他人互動，其為團隊帶來共同的成果，從而引發團隊、成員和組織的變革和改進，為是一個不斷反思和行動的動態行為過程（Gerbeth et al., 2022; Vlasblom, 2020; Widmann & Mulder, 2018; Rebelo et al., 2018）。

五、變項間關聯性之相關研究

有效的內部溝通，有助於建立成員的信任和認同，故組織與成員之間的內部溝通是促進互惠社會交流的關鍵機制（Einwiller et al., 2021）。而內部危機溝通可促進行政人員接受管理以表現支持組織之行為，組織認同促進其態度、情緒、自尊以及歸屬和擁有的程度（Einwiller et al., 2021; Frandsen & Johansen, 2011）。Mazzei與Butera（2021）也提及在經歷危機之後，溝通有助於在成員的心理層面上處理危機本身，以減輕他們的壓力，這對於組織學習和復原力至關重要。

綜合上述文獻，於COVID-19所帶來之外部、無法控制的危機背景下，為保持組織正常運作，組織的內部危機溝通即為重要之一環。同時，內部溝通是促進互惠、社會交流的關鍵機制，促使行政人員願意基於信任而採取行動並接受管理決策，進一步表現支持組織行為（Einwiller et al., 2021）。同時，建立高度的情感型信任與認知型信任亦可促進行政人員表現出對組織有利的行為（黃靖文、方翌，2014），並且在高度依賴的團隊中，更促進團體學習行為以及抱持較正向之態度（Schaubroeck et al, 2011）。因此，本研究欲探討疫情下大專院校行政人員之內部危機溝通、組織信任、心理資本以及團體學習行為之間的影響。

參、研究方法

一、研究架構

本研究的研究架構如圖1所示，自變項為內部危機溝通、組織信任及心理資本，依變項則為團體學習行為。同時，組織信任與心理資本也為研究的中介變項。

同時，依循上述之文獻探討有關各變項之相關研究後，提出以下的研究假設。

（一）組織的內部危機溝通、組織信任、心理資本以及團體學習行為之間呈現正相關。

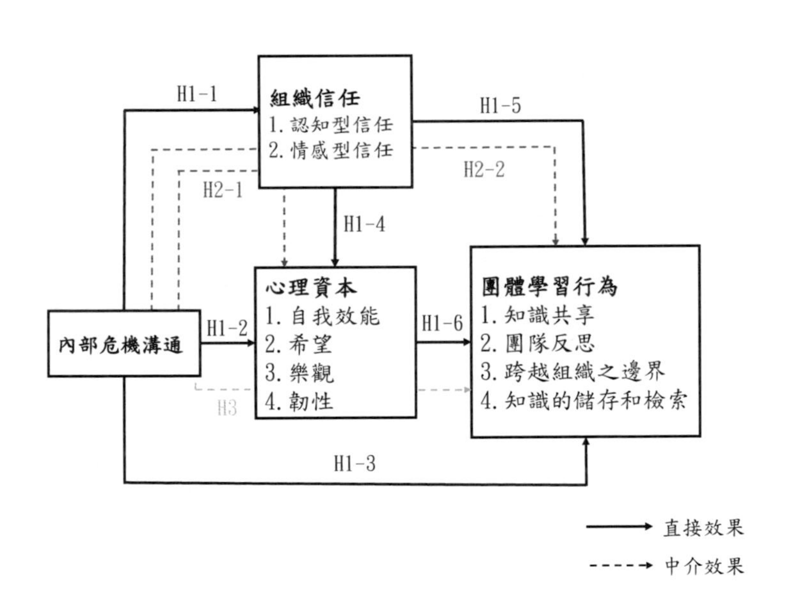

圖1　研究架構圖

H1-1：當內部危機溝通順暢時，行政人員的組織信任會越高。

H1-2：當內部危機溝通順暢時，行政人員的心理資本會越高。

H1-3：當內部危機溝通順暢時，行政人員的團體學習行為會越高。

H1-4：當行政人員的組織信任高時，行政人員的心理資本會越高。

H1-5：當行政人員的組織信任高時，行政人員的團體學習行為會越高。

H1-6：當行政人員的心理資本越高時，行政人員的團體學習行為會越高。

（二）組織內部危機溝通透過組織信任之中介效果，對於行政人員的心理資本以及團體學習行為之間之影響性呈現正相關。

H2-1：當內部危機溝通順暢時，透過行政人員的組織信任之中介效果，行政人員的心理資本會越高。

H2-2：當內部危機溝通順暢時，透過行政人員的組織信任之中介效果，行政人員之團體學習行為會越高。

（三）組織的內部危機溝透過心理資本之中介效果，對於行政人員的團體學習行為之影響性呈現正相關。

H3：當內部危機溝通順暢時，透過行政人員的心理資本之中介效果，行政人員的團體學習行為會越高。

二、研究對象

本研究以立意抽樣的方式選取大專院校行政人員作為本研究之對象，並依據教育部所統計之110學年度全國大專院校校數，選取高雄、屏東以及臺東地區的大專院校（排除宗教以及空中學校）作為本研究樣本的選取範圍，範圍包含公立大學5所、私立大學2所、公立技職4所以及私立技職12所，共23所之大專院校，並以社群網站以及尋求位於抽樣學校的行政人員協助之方式，以SurveyCake之網路問卷的方式發放，最終回收181份有效問卷。

三、研究工具

本研究以調查法作為研究之方法，藉由問卷來蒐集資料。問卷設計綜合過去研究所使用的量表而製成，其中，並使用李克特五點量表進行評分。最後針對蒐集之有效問卷進行資料輸入並依據研究所需使用描述性統計、皮爾森積差相關（Pearson's product-moment correlation）、多元迴歸分析（Multiple regression）及路徑分析之統計方式，以SPSS 28統計套裝軟體進行各項統計分析。

肆、研究結果與討論

一、大專院校行政人員於內部危機溝通、組織信任、心理資本與團體學習行為之統計分析

本節根據問卷調查的結果，以描述性統計方法取得各量表的平均數與標準差，進而了解大專院校行政人員於內部危機溝通、組織信任、心理資本以及團體學習行為之現況。

（一）內部危機溝通之敘述性統計

由表1可以觀察到在疫情期間，多數行政人員所處單位有參與學校危機管理團隊，並對於所處單位傳遞疫情相關的訊息的滿意度高，此可以回應在危機發生時行政人員對於資訊的要求高之需求。但在接收到有關單位的營運以及財務之相關訊息方面相對較少。其原因可能在於大專院校相對於企業，非以營利獲利為目標，而是以教育、保護教職員生之安全為目標，因此較少會傳遞有關財務方面

的訊息，而是著重於傳遞疫情相關的訊息，例如注意事項以及學校組織內部的變化，如：校園開放空間的管制、遠距上班（課）的相關資訊等。另外，組織普遍鼓勵行政人員擔任與外部利益相關者（如家長、學生）溝通的角色，因此行政人員為須瞭解學校內部的注意事項等訊息，尚須扮演與外部利益相關者溝通的多重角色且影響外部利益者對組織的看法。而為影響行政人員的組織認同感，大專院校也透過政策的推廣以及保護行政人員免受外部批評之方式來努力。

表1　內部危機溝通之敘述性統計結果

	題目	平均數	標準差
	內部危機溝通	3.52	.58
1	我對所隸屬的單位提供有關COVID-19疫情之主題的訊息的滿意度為何？	3.65	.80
	1-1 疫情對學校組織的影響。	3.68	.79
	1-2 影響學校組織決策的因素，如：法規。	3.62	.81
	1-3 注意事項（能做或不能做的事為何）。	3.70	.81
	1-4 對行政人員新的要求。	3.51	.81
	1-5 學校組織內部的變化，如：校園開放空間的管制、遠距上班（課）的相關資訊等。	3.76	.79
2	我認為我所隸屬的單位……	3.54	.90
	2-1 會要求我提供反饋。	3.53	.87
	2-2 會向我提供詳細資訊。	3.71	.75
	2-3 可以輕鬆找到行政人員需要的訊息。	3.67	.80
	2-4 在做決定之前會詢問行政人員的意見。	3.46	1.04
	2-5 願意花時間了解組織行政人員需要什麼。	3.35	.97
3	我所隸屬的單位在疫情期間鼓勵我擔任與外部利益相關者（如家長、學生）溝通的角色。	3.40	.90
4	在我看來，我所隸屬的單位試圖減少行政人員在疫情期間的焦慮。	3.46	.90
5	我所隸屬的單位試圖在疫情期間保護我們免受外部批評。	3.49	.89

	題目	平均數	標準差
6	在疫情期間，我所隸屬的單位通過在政策的推廣、滿足利益相關者方面付出更多努力來激勵我做出貢獻。	3.33	.89
7	我所隸屬的單位經常向行政人員通報其在疫情期間的運營和財務狀況。	3.17	1.03
8	我所隸屬的單位向行政人員傳達了保護他們福利和福祉的承諾。	3.41	.91
9	我所隸屬的單位於疫情期間，有參與學校危機管理團隊。	3.66	.94

（二）組織信任之敘述性統計

由表2可以觀察到在疫情下，行政人員之組織信任，首重的為單位同仁是否具備專業能力、態度以及瞭解彼此的專業背景，以清楚彼此的業務劃分，了解如何各司其職，進而能有效地因應疫情於短時間內所帶來之工作模式的改變及處理各項防疫相關業務，以充分發揮各自的戰力。另外在情感上，單位內行政人員也會互相給予建設性的意見並傾聽彼此的難處，且對於同仁的離開會感到不捨。而為避免疫情之擴散，在疫情期間禁止群聚、共食等社交距離的限制，導致大部分實體活動的減少，進而促使在舉辦慶生會、聚餐等休閒活動之題項分數較低。

表2　組織信任之敘述性統計結果

題目			平均數	標準差
組織信任			3.86	.56
認知型信任	1	我認為單位同仁具備專業能力，可完成應達成的工作。	3.95	.68
	2	我認為單位同仁會克盡職責，不會造成他人工作上的困擾。	3.86	.78
	3	即使對單位同仁不熟，我仍然會因為他的專業能力與敬業態度而信賴他。	3.92	.71
	4	我會因為他人對單位同仁的肯定，而信賴團隊夥伴。	4.03	.69
	5	我認為如果單位同仁瞭解彼此專業背景，會更清楚如何各司其職，發揮戰力。	4.12	.69
情感型信任	1	在單位內的同仁，可以自由地分享彼此的想法、感受和希望。	3.72	.86
	2	在單位內的同仁會傾聽彼此的難處。	3.78	.89
	3	如果單位內有同仁離開，大家會覺得捨不得。	3.84	.87
	4	當單位同仁提出問題時，單位會給予建設性的意見。	3.80	.78
	5	單位會為同仁舉辦慶生會、聚餐等休閒活動。	3.55	1.04

（三）心理資本之敘述性統計

由表3可以觀察到行政人員在充滿變化的疫情下，依舊相信自己具有解決問題的能力並能善用各種方法以循序漸進地達成自己設定的工作目標，進而有效的處理疫情所帶來的改變而形成的不安情緒及壓力。另外，行政人員也會輔以積極樂觀的態度面對工作以及遭遇的困難，且能與學校外部的人進行聯繫、討論，以有效回應外部之需求。同時也會在面對挫折後繼續精進、提升處理事情的能力。

表3 心理資本之敘述性統計結果

題目			平均數	標準差
心理資本			3.89	.53
自我效能	1	我有信心分析所遭遇之問題並找到解決的方案。	3.91	.75
	2	我相信自己能與學校之外部的人進行聯繫、討論。	3.94	.75
	3	我相信自己在會議中能代表單位發言，以表達對工作事務的意見。	3.64	.86
	4	我相信自己對學校的發展策略能貢獻一份心力。	3.73	.76
希望	1	我會思考如何追求自我目標。	3.99	.68
	2	我認為目前在工作上的表現是成功的。	3.79	.75
	3	我會善盡各種方法來達成工作目標。	4.06	.71
	4	我會循序漸進達成自己設定的工作目標。	4.02	.71
樂觀	1	當我對工作有不確定感時，我仍會抱持正向的態度。	3.77	.80
	2	我會樂觀看待我的工作。	3.85	.78
	3	我能正向看待工作上遭遇的困難。	3.82	.75
	4	我會以樂觀的態度迎接未來的挑戰。	3.82	.75
	5	我能樂觀採取積極的行動，以實踐自己的期待。	3.88	.75
韌性	1	我在面對困難時有臨機應變的能力。	3.87	.74
	2	面對挫折時，我會告訴自己「我有獨立完成工作的能力」。	3.97	.67
	3	我能承受壓力並繼續前進。	3.96	.71
	4	以往度過難關的經驗，能使我堅強面對工作的困境。	3.97	.70
	5	挫折後我會繼續精進，提升處理事情的能力。	4.04	.62

（四）團體學習行為之敘述性統計

由表4可以觀察到行政人員會就共同任務進行實際經驗的交流，且在做決定時進行深思以及時刻審視。同時，也願意與其他單位或專業人員進行交流，並將相關資訊儲存於組織所創建的組織文件中，供所有人檢視及搜索，藉此以促進願意共同合作的團隊精神並認同與實踐團隊之策略及目標，進而能一同面對危機並進行快速之應對，提升疫情下之行政效能。

表4　團體學習行為之敘述性統計結果

題目			平均數	標準差
團體學習行為			3.85	.53
知識共享	1	我認為單位同仁之間願意與他人分享知識及想法。	3.81	.77
	2	我認為單位同仁願意幫助他人學習新的知識。	3.86	.75
	3	我認為單位同仁願意公開分享他們的想法。	3.81	.79
	4	我認為單位善於運用不同的知識和思想。	3.69	.81
	5	我認為單位同仁會就共同任務交流彼此的實踐經驗。	3.90	.78
團隊反思	1	作為一個單位，我和單位同仁通常會做出深思熟慮的決定並根據環境的變化審查工作之方法。	3.80	.66
	2	我和單位同仁談論實現目標的不同方式。	3.75	.72
	3	在開始工作之前，我和單位同仁確保單位中的每個人對問題都有相同的定義。	3.70	.77
	4	單位審查其目標、討論完成工作所使用的方法，並定時檢視成效。	3.79	.73
	5	我和單位同仁會反思彼此的溝通方式、審視我們如何做出決定。	3.75	.75
跨越組織之邊界	1	必要時，單位同仁會諮詢擁有與任務相關知識的人。	3.93	.74
	2	單位同仁會運用單位內、外的環境，以獲取技術、想法和專業知識。	3.91	.72
	3	單位同仁從整個學校中尋求與單位任務相關的訊息。	3.93	.71
	4	單位同仁可以接觸擁有與單位任務相關的技術專長的人。	3.93	.69
知識的儲存與檢索	1	我和單位同仁會迅速的將知識、資訊進行儲存。	3.85	.71
	2	我和單位同仁將知識及資訊儲存在檔案中。	3.94	.71
	3	我和單位同仁使用組織所創建的組織文件。	3.97	.73
	4	我和單位同仁能共享公共檔案中的知識和資訊。	3.91	.77

綜合以上，大專院校行政人員對於組織之內部危機溝通、組織信任、心理資本以及團體學習行為皆抱持正向態度。顯示內部危機溝通是在危機影響中有效的補救工具，透過良好的內部危機溝通，可以傳達清晰的訊息、促進行政人員與外部利益相關者進行溝通以及增加政人員的組織認同感。並藉由行政人員之組織信任，促使行

政人員相信單位同仁的專業能力、清楚彼此的業務劃分，進而能有效地因應各項業務。而良好的心理資本，讓行政人員以積極樂觀、不畏懼挫折的態度，有效的處理不安情緒及壓力及各項改變。同時行政人員也為願意就共同任務進行實際經驗的交流，以共同合作、認同並實踐團隊之策略及目標，形成一個互信、正向不放棄且共同互助的組織文化，以一同在充滿不確定的狀況下面對困難與挑戰。

二、大專院校行政人員於內部危機溝通、組織信任、心理資本與團體學習行為之關係

為了解各變項之間的關係，首先利用皮爾森積差相關分析，以瞭解各變項的相關情形。分析結果如表5所示，各變項之相關係數皆達到統計上的顯著水準且為正向關係，其中內部危機溝通與組織信任（γ=.60）、組織信任與團體學習行為（γ=.79）、心理資本與團體學習行為（γ=.67），呈現高度相關；而內部危機溝通與心理資本（γ=.51）、團體學習行為（γ=.58），則為中度相關。因此回應本研究問題一：組織的內部危機溝通、組織信任、心理資本以及團體學習行為之間為正向之相關情形。

表5　各變項之相關情形

	內部危機溝通	組織信任	心理資本	團體學習行為
內部危機溝通				
組織信任	.60**			
心理資本	.51**	.57**		
團體學習行為	.58**	.79**	.67**	

接著再利用多元迴歸分析以及路徑分析進行資料之處理，以瞭解行政人員在各變項之預測情形及中介效果。各變項間的預測情

形之結果如表6所示，第三個模型之三個投入自變項（內部危機溝通、組織信任以及心理資本）對團體學習行為的總解釋力R^2（.70）及調整後的R^2（.70）最高。顯示在疫情下，透過內部危機溝通以傳達清晰的資訊，使行政人員了解正在發生的事情以及其發生與後續決策之原委，並透過組織信任的支持，促進各項合作與分享之行為，同時也輔以正向的心理資本，以積極且不畏懼挫折的態度，尋求相關訊息以及解決方法，進而促成行政人員具有投入組織學習的活動之意願、提升其團體學習行為。

表6　多元迴歸之模型摘要

模型	R	R^2	調整後R^2	R^2變更	F值	顯著性
1	.58[a]	.34	.34	.34	92.50	<.001
2	.80[b]	.64	.64	.30	150.33	<.001
3	.84[c]	.70	.70	.06	34.56	<.001
a. 解釋變數：（常數），內部危機溝通						
b. 解釋變數：（常數），內部危機溝通，組織信任						
c. 解釋變數：（常數），內部危機溝通，組織信任，心理資本						

為瞭解組織信任以及心理資本是否具有部分中介之效果，則進行多次的迴歸分析以進行路徑分析。結果如圖2顯示，組織內部危機溝通會透過組織信任之中介效果，進而對於行政人員的心理資本以及團體學習行為之間造成影響。同時，組織的內部危機溝通也會透過心理資本以影響行政人員的團體學習行為。

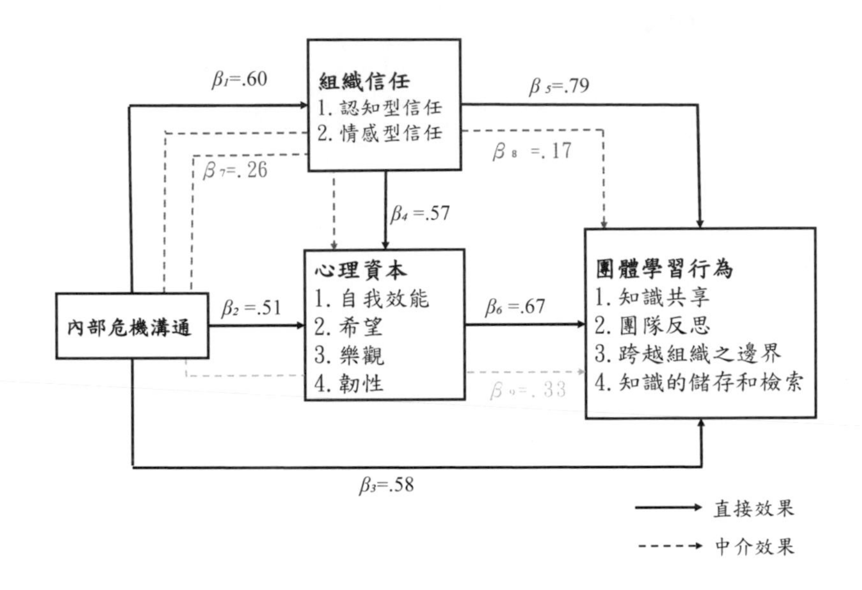

圖2　各變項之間的關係以及中介之效果

伍、結論與建議

一、結論

（一）疫情下行政人員對於內部危機溝通、組織信任、心理資本與團體學習行為皆抱持肯定態度

研究結果顯示各變項之間皆呈現中度以及高度之相關，藉此以了解到行政人員肯定內部危機溝通於危機影響時，為一個有效的補救工具，且藉由良好的組織信任與心理資本以信賴、積極樂觀的態度，清楚了解單位的業務劃分，進而能有效地各司其職、因應各項挑戰與業務。同時透過訊息的共享、互助的精神以進行團體之學習

行為。同時藉由預測及中介效果之分析，顯示內部危機溝通對於組織信任的影響較大，組織信任對於心理資本以及團體學習行為的影響較大，而組織信任及心理資本具有中介之效果。顯示內部危機溝通的順暢，有助於組織信任的建立，而良好的組織信任更會促進心理資本以及團體學習行為的產生。同時，良好的內部溝通也仰賴行政人員的組織信任以及心理資本，從而引發行政人員的團體學習行為。

（二）行政人員的組織信任於疫情中占有重要之地位

藉由相關、預測及中介效果之分析，除可以了解到行政人員對於各變項所抱持的正向態度外，更可以發現面對疫情所造成的短時間之巨大改變，組織信任所占有的重要地位。疫情的爆發，帶來許多不確定性和變動性，更帶來情緒上的壓力和不安，而良好的組織信任除可以協助行政人員清楚各自專業以各司其職外，更有助於建立積極的組織氛圍，使行政人員能對組織抱持信心進而願意繼續留任以一同面對挑戰。同時當行政人員具有組織信任時，更會在工作中付出更多努力以及願意進行團隊合作及學習，進而提高工作效能和產出，進而從疫情下所獲得之經驗吸取教訓，建立更強大和具有適應性的工作模式，以因應未來可能的變化和挑戰。

二、建議

（一）對未來大專院校於行政運作上之建議

內部危機溝通是在危機中有效的補救工具，透過其以建立良好的組織信任，促進正向之心理資本並鼓勵行政人員互惠的組織文化，進而成為彼此互信互助且正向的組織，以在充滿不確定的狀況下，一同面對困難與挑戰。因此提供以下建議：

建立信任互賴的組織：行政人員的組織信任於疫情中占有重要

之地位，組織信賴的建立有賴於平時組織的營造。因此不管危機是否發生，大專院校皆應確保學校內部溝通渠道的順暢，以透明且準確地傳遞訊息，增加行政人員對學校決策的信任。更應建立開放、互動的溝通文化，以鼓勵行政人員願意提出問題、分享意見和建議。

職權明確的劃分：在疫情的當下，相對於情感上的信賴，行政人員更重視彼此之間專業的理解。藉由信賴同仁的專業能力與敬業態度，以能於疫情所帶來的變化中，清楚的了解業務的處理以及職權的劃分，進而各司其職並充分的發揮戰力，形成一個有效率的組織。

關注行政人員心理層面：除重視行政人員的工作績效外，更應關注行政人員之心理資本的發展，其可透過提供專業培訓、心理輔導、工作平衡等支持，以促使行政人員能具有正向之態度並對組織具有信心，進而增強其留任意願以及應對危機的能力。

行政人員間分享之意願的重視：為強化團隊合作和學習，以建立鼓勵團隊合作和學習的氛圍，除活動、分享會議的舉辦和專案合作外，更應重視行政人員間是否願意進行實務經驗以及訊息之分享。而為促進其分享的意願，大專院校應建立一個平等和尊重的環境，使行政人員感到自己的聲音被重視。進而促進行政人員之間的互動和信任，形成一個樂於分享、互相學習的團隊。

重視持續改善：持續評估和改善學校的內部溝通機制和策略。透過回饋調查、評估報告和對話，了解行政人員對溝通和危機應對的需求和意見，並不斷改進和調整相應的策略。

綜合以上，大專院校不管於平時或危機發生時，皆應建立良好的內部溝通，其方法除建立多樣化的溝通管道外，更著重於訊息傳遞的清晰度及重要性、鼓勵反饋及參與，同時培養成員相互信賴的組織信任以及相信自身能力、擁有希望和不怕挫折的心理資本，並進行團隊之討論，培養行政人員的協作技能、團體學習之行為，以促進組織之永續發展以及於未來面對重大危機時能加以應因。

（二）對未來研究者欲探討相關議題時之建議

本研究之研究限制為僅選取高雄、屏東以及臺東地區的大專院校之行政人員，範圍較侷限，加上疫情所蔓延的地區涵蓋廣泛，故建議未來研究者可擴大研究之範圍，以利進行更進一步的深入研究。同時，隨著時間的推移，COVID-19之疫情所帶來的影響已逐漸降低，大專院校也逐漸回歸正常運作。但疫情所帶來的影響並不會消失殆盡，將會持續的影響著，相關單位及學者也因而提出「後疫情時代」、「防疫新生活運動」等相關策略，因此未來研究者除探討在危機發生時，大專院校應注視之層面外，更可以關心疫情之各個時間階段以及更多樣化之層面，以更全面的討論大專院校之狀況及解決其所可能面臨之問題。

參考文獻

王亞德（2014）。組織信任對工作投入影響之研究－以工作滿意度為中介變項。科技與人力教育季刊，1（2），1-19。

李雨芹（2020）。以整合層次探討知識分享意圖及工作滿意的關聯性研究。（未出版之碩士論文）。國立成功大學。

阮光勳（2021）。探索中小學教師工作中的信任問題：信任認知與修復之道。嘉大教育研究學刊，47，133-161。

林惠彥、陸洛、吳珮瑀、吳婉瑜（2012）。快樂的員工更有生產力嗎？組織支持與工作態度之雙重影響。中華心理學刊，54（4），451-469。

林玟君、李立旻、劉若蘭、李育齊（2021）。遇見與看見－校園防疫中高等教育學務工作的淬煉。當代教育研究季刊，29（1），25-27+29。

張國英、林翀、陳朝政、周汎澔、莊蕙苹、謝珮慈、鄭蕙瑾、胡智淵（2021）。運用協同合作方法落實校園防疫工作的學生輔導：以高雄醫學大學為例。學生事務與輔導，60（1），29-47。

陳設哲、賴儀娟（2021）。角色壓力與職場退縮傾之研究－以心理資本為調節變項。中華行政學報，28，45-77。
教育部（2021）。大專校院嚴重特殊傳染性肺炎防治工作綱要。https://www.edu.tw/News_Content.aspx?n=0217161130F0B192&s=E75749E5FBC8D181
黃靖文、方翌（2014）。組織內人際信任與創造力關係之研究：雙元學習之中介效果。創新與管理，11（1），75-107。
黃靖文、張韶蘭、李潔梅（2021）。COVID-19疫情下大學行政人員工作不安全感，工作壓力與組織承諾之研究。學校行政，136，117-136。
黃雅萱（2022）。探討職場幽默、信任、組織公民行為與工作內鑲嵌之研究。（未出版之碩士論文）。國立成功大學。
Blau, P. M. (1968). Social exchange. International encyclopedia of the social sciences, 7(4), 452-457.
Decuyper, S., Dochy, F., & Van den Bossche, P. (2010). Grasping the dynamic complexity of team learning: An integrative model for effective team learning in organisations. Educational Research Review, 5(2), 111-133.
Einwiller, S., Ruppel, C., & Stranzl, J. (2021). Achieving employee support during the COVID-19 pandemic –The role of relational and informational crisis communication in Austrian organizations. Journal of Communication Management, 25(3), 233-255. https://doi.org/10.1108/JCOM-10-2020-0107
Frandsen, F., & Johansen, W. (2011). The study of internal crisis communication: towards an integrative framework. Corporate Communications: An International Journal, 16(4), 347-361. https://doi.org/10.1108/13563281111186977
Gerbeth, S., Stamouli, E., & Mulder, R. H. (2022). The relationships between emotional competence and team learning behaviours. Educational Research Review, 36, 100439. https://doi.org/https://doi.org/10.1016/j.edurev.2022.100439
Heide, M., & Simonsson, C. (2021). What was that all about? On internal crisis communication and communicative coworkership during a pandemic. Journal of Communication Management, 25(3), 256-275.
Luthans, F., & Youssef, C. M. (2004). Human, Social, and Now Positive Psychological Capital Management:: Investing in People for Competitive Advantage.

Organizational Dynamics, 33(2), 143-160. https://doi.org/https://doi.org/10.1016/j.orgdyn.2004.01.003

Macnamara, J. (2021). New insights into crisis communication from an "inside" emic perspective during COVID-19. Public Relations Inquiry, 10(2), 237-262.

Mazzei, A., & Butera, A. (2021). Internal Crisis Communication. In L. R. Men & A. Tkalac Verčič (Eds.), Current Trends and Issues in Internal Communication : Theory and Practice (pp. 165-181). Springer International Publishing. https://doi.org/10.1007/978-3-030-78213-9_10

McAllister, D. J. (1995). Affect-and cognition-based trust as foundations for interpersonal cooperation in organizations. Academy of management journal, 38(1), 24-59.

Rebelo, T., Dimas, I. D., Lourenço, P. R., & Palácio, Â. (2018). Generating team PsyCap through transformational leadership: A route to team learning and performance. Team Performance Management, 24(7), 363-379.

Rousseau, D. M., Sitkin, S. B., Burt, R. S., & Camerer, C. (1998). Not so different after all: A cross-discipline view of trust. Academy of management review, 23(3), 393-404.

Schaubroeck, J., Lam, S. S., & Peng, A. C. (2011). Cognition-based and affect-based trust as mediators of leader behavior influences on team performance. Journal of applied psychology, 96(4), 863.

UNESCO (2020, April 8). UIS COVID-19 Response: Data to Inform Policies that Mitigate Setbacks in Education Gains. Retrieved from http://uis.unesco.org/en/news/uis-covid-19-response-data-inform-policies-mitigate-setbacks-education-gains

Vlasblom, N. (2020). Team learning behaviours to foster innovation implementation: A qualitative study on the perceptions of work team members. [Unpublished doctoral dissertation]. Radboud University.

Widmann, A., & Mulder, R. H. (2018). Team learning behaviours and innovative work behaviour in work teams [TLBs and IWB in work teams]. European Journal of Innovation Management, 21(3), 501-520. https://doi.org/https://doi.org/10.1108/EJIM-12-2017-0194

五專部護理學生入學前學習經驗、學習期望與入學後學業成績之相關研究

慈濟科技大學護理系
李家琦

壹、前言

台灣在面臨少子化的社會衝擊與多元入學模式的教育環境下，雖然學生有更多的選擇與機會接受高等教育，但是緊接而來技專校院與教師們必須面對學生學習背景與學習成效落差日漸擴大的問題（陶宏麟等人，2020；楊怡姿，2017；劉佳鎮，2010），護理教育亦然，因為護理教育包含多種學制：五專、二技、四技學制屬於技職體系、大學學制屬於高教體系，當然免不了學生學習背景與學習落差等問題（吳淑芳等人，2014）。若是學校及護理教師能從學生入學即投入對學生學習背景與學習經驗的了解，可能有助於護理教育的發展，並且以此為基礎，建立及提供「以學生為中心」的教學環境。

貳、文獻探討

台灣教育部自2014年8月開始實施十二年國民基本教育及免試入學政策，使所有國民享有接受均等的教育機會、並且提供以學生為中心的多元就學機會。國中畢業生可以依其性向、能力和興趣，

選擇進入高中、高職或五專就讀，使每位學生的潛能都能獲得開展（教育部，2022）。

十二年國民基本教育及免試入學政策實施迄今十年，從聯考分發入學模式轉為免試入學模式，社會大眾及教育單位在因應此政策的過程中，高度關注免試入學相關比序規則是否符合所謂的教育機會均等以及公平正義原則等議題（沈千暉，2017），但是隨著免試入學制度日趨穩定，此相關議題也逐漸消褪。但是緊接而來的少子化問題、學校招生率逐年下滑、學生學習落差日益擴大的情形。我們應該關注及思考如何協助學生在進入下一個教育階段的學習與適應等相關議題，建立以學生為中心及尊重差異的教育環境與教學輔導資源系統，以達成適性揚才的教育目標及回應免試入學及多元入學之初衷（林佩璇、傅木龍，2022）。

許多探討影響學生學習表現相關因素的研究結果，顯示入學管道與學生學習表現有顯著關聯性（白玉玲、楊雅淑，2017；翁志強等人，2010；張明蘭，2019；陶宏麟等人，2020；游崑慈等人，2022），但也有少數研究結果顯示沒有差異（李維倫等人，2020）。不論入學管道為何、不論入學管道是否會影響學生的學習表現，學生既然已經進入該校就讀，學校與教師就肩負教育及協助學生學習的責任。近年來，各大專校院學生之休退學率不斷攀升（林永安, 2018），有研究結果顯示休退學學生的學業成績普遍低落（翁志強等人，2010；廖羚吟等人，2022；薛來銘，2021）。另外有研究結果顯示學生的學業成績與其能力表現有關聯，學業成就較高的學生在使用e-mail、應用電腦搜尋資料及操作套裝軟體之資訊能力高於學業成績較低的學生；學業成就較低的學生閱讀報紙和詩詞散文的頻率低於學業成就較高的學生（劉淑君，2013）。

在任何的教育階段，學生的學習經驗不同，學習成就不同，所遇到之學習困擾也有所不同（白博文，1977）。形成學習困擾的可能因素相當多，包含（一）個人因素：學習者本身之生理因素、心理因素、環境因素。（二）學校因素：硬體設施、軟體設施。（三）家庭因素：家庭結構、家庭環境、父母與子女之互動關係。（四）社會因素：道德、規範、價值觀念、政策法令、就業與升學等（林進材，2010）。學生在面對學習困擾的因應方式，包含（一）獨立解決策略：正向積極的面對問題及應用策略減輕學習困擾。（二）尋求支援策略：主動積極尋求資源的輔助以減輕困擾。（三）情緒發洩策略：消極負向的透過口語或肢體的發洩來抒發個人不快的情緒。（四）逃避忽略策略：消極的逃避或置之不理（林進材，2010）。除了學習困擾，許多研究探討學生的學習期望與學生的學習表現有關聯，有些研究結果顯示學生的學習期望與學業信心會影響學生學習表現（張芳全，2021b；許哲耀等人，2014）；學生的學習期望與學習興趣及學習動機有高度的關聯性（張芳全，2021a，2021b）；學生的學習期望與自我效能有關，相對中等的期望有助於增加學習者的認知努力及促進學習（王重引、卓俊伶，2020）；學生學習的成功期望與自我效能及學習任務價值之間有密切的關聯性，並且影響學生採取不同的動機調整策略（李旻樺、林清文，2003）。

學生來自不同的國高中、並且透過多元的入學管道進入技專校院學習，學生的身心發展狀態、學業成就表現、學習期望不同；在面對新的學校環境、學習目標、學習方向與學習方法，可能使原本之學習困擾延續，或是衍生各種新的學習困擾，進而影響學生的學習表現（許錫珍，1976）。若能了解學生的學習經驗、學習期望，適當的輔導介入，將有助學生的學習及適應（許錫珍，1976）。本研究目的為探討本校五專部護理學生入學前之學習經驗、學習期望與入學後學業成績表現的關係，以作為教學策略、輔導措施之參考依據。

參、研究方法

本研究採回溯性研究，相關研究資料來源係經本校校務發展委員會審議通過校務研究計畫專案（研究計畫編號 IR111P-006）後，由本校校務研究組會同電算中心提供給筆者，以取得105與106學年入學之五專部護理系學生之相關研究資料，內容包含：

（一）學生學籍相關資料：資料來源為本校校務資訊系統學生資料庫，取得相關研究相關資料包含入學年度、學制別、學號、國籍、性別、入學年齡、學生身分別。

（二）新生入學問卷調查資料：本問卷由本校校務研究中心於104年開發及管理，於新生入學時施測。本研究應用之問卷調查資料包含以下內容：

1. 入學前之學業成績表現：包含2個問項。以李克特五點式量表法設計，問項1係依據入學前學業成績表現評分，5分：代表非常優秀，4分：代表優秀，3分：代表中等，2分：代表不優秀，1分：代表非常不優秀。問項2係依據原畢業學校的學業成績級距評分，5分：代表成績在90分以上，4分：代表成績介於80-90分，3分：代表成績介於70-80分，2分：代表成績介於60-70分，1分：代表成績在60分以下。
2. 自覺入學前之能力表現程度：包含23個問項，以李克特五點式量表法設計，依據「頂尖→落後」給予1-5分評分（5分為頂尖，1分為落後）。項目分析CR值介於-6.93至-15.17之間，與量表總分之相關值介於.46至.73之間，皆達顯著水準（$p < .05$）；信度分析Cronbach's係數為.93。
3. 自覺過去學習困擾程度：包含8個問項，以李克特五點式量表法設計，依據「同意程度」給予1-5分評分（5分為最高分）。項目分析CR值介於-9.51至-15.88之間，與量表總分之相關值介於.58至.80之間，皆達顯著水準（$p < .05$）；信度分析Cronbach's係數為.85。

4. 對未來的學習期望：包含11個問項，以李克特五點式量表法設計，依據「同意程度」給予1-5分評分（5分為最高分）。項目分析CR值介於-6.65至-30.55之間，與量表總分之相關值介於.41至.73之間，皆達顯著水準（$p < .05$）；信度分析Cronbach's係數為.83。

（三）學生學業成績：資料來源為本校校務資訊系統之課程成績資料庫，包含學生在校各學期之平均學業成績與各護理科目實習成績。

本研究應用SPSS 22.0統計套裝軟體進行分析，使用之統計方法包含：（1）描述性統計：次數分配／百分比、平均數、標準差以呈現各研究變項特性表現；（2）推論性統計分析：應用皮爾森積差相關（Pearson correlation）檢定本校護理系五專部學生入學前學習經驗、學習期望與入學後學業成績表現之相關性，本研究中之統計考驗顯著水準α值為.05。

肆、研究結果

一、研究樣本篩選流程

本校105與106學年入學護理系五專部之學生人數為536位，完成新生問卷人數為516位，於109及110年畢業學生人數為471位。本研究樣本為105及106學年入學及完成新生問卷調查，並且於111學年前畢業之學生，共計457位，為105及106學年護理系五專部入學學生人數之85.3%，研究樣本資料篩選流程如圖1所示。

二、研究樣本之學習背景

（一）人口統計學變項特性

本校護理系五專部入學學生大多數為應屆國中畢業生，佔98.2%。本研究樣本之男女性別比例為12.9%與87.1%，雖然本校護理系學生女性比例較高，但是若與行政院所公佈之民國111年醫事人員性別統計資料（衛生福利部，2023）比較，男性護理師7,529位（4.35%）、女性護理師17,067位（95.65%）；顯示本校培育男護理師之比例不低。本校位於花蓮，原住民學生的比例較高，本研究樣本具有原住民身分之學生比例為45.3%，學生基本資料特性如表1所示。

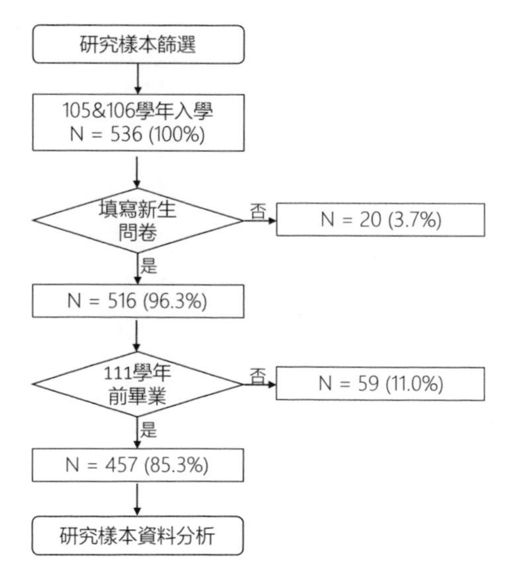

圖1　研究樣本資料篩選流程圖

表1　研究樣本基本資料特性

（N=457）

變項名稱	人數	百分比（%）
入學年齡		
15歲	294	(64.3)
16歲	155	(33.9)
>16歲	8	(01.8)
性別		
男	59	(12.9)
女	398	(87.1)
學生身分		
一般生	248	(54.3)
原住民生	207	(45.3)
外國(僑)生	2	(00.4)

（二）學生入學前學習經驗與學習期望

1. 學生入學前之學業成績表現

本校護理系大部份五專部學生之入學前學業成績表現為中等至優秀程度。從學生自評的角度來看學生入學前的學業成績表現，顯示42.0%的學生自覺入學前之學業成績表現為中等，41.8%的學生自覺學業成績優秀或非常優秀，16.2%的學生覺得自己的學業成績不優秀或非常不優秀，結果如表2所示。若是從學生原畢業學校的學業成績級距來看學生的學習表現，大多數學生的學業成績級距介於60-70分級距（42.2%）及70-80分級距（31.7%）之間，結果如表3所示。

表2　自覺入學前學業成績表現

（N=457）

成績表現	非常不優秀	不優秀	中等	優秀	非常優秀
人數 (%)	5 (1.1)	69 (15.1)	192 (42.0)	174 (38.1)	17 (3.7)

表3　原畢業學校之學業成績級距

（N=457）

成績級距	60分以下	60-70分	70-80分	80-90分	90分以上
人數 （%）	10 （2.2）	193 （42.2）	145 （31.7）	84 （18.4）	25 （5.5）

2. 學生自覺入學前能力表現

除了學業成績表現，從學生自評入學前各方面的能力表現如表4所示，學生自覺能力表現較佳之項目依序為：團隊合作能力、服從與負責任的能力、自我反省與改進的能力、面對挑戰的能力、社會關懷能力，而學生自覺能力表現較差之項目依序為：科學專業能力、電腦軟體應用能力、技術操作能力、多元語文能力、未來就業市場動態觀察能力。

表4　學生自覺入學前能力表現排序一覽表

（N=457）

入學前能力表現	排序	平均數	標準差
團隊合作能力	1	3.92	0.81
服從與負責任的能力	2	3.88	0.74
自我反省與改進的能力	3	3.76	0.77
面對挑戰的能力	4	3.67	0.79
社會關懷能力	5	3.65	0.76
人際溝通與表達能力	6	3.65	0.87
倫理實踐能力	7	3.64	0.73
公民知識與實踐能力	8	3.60	0.76
閱讀理解能力	9	3.59	0.79
邏輯思考與分析能力	10	3.52	0.81
人文涵養與藝術鑑賞能力	11	3.51	0.76
自主學習能力	12	3.50	0.78
資料搜尋及運用的能力	13	3.45	0.79

入學前能力表現	排序	平均數	標準差
分析時事與媒體素養能力	14	3.41	0.78
文字撰述能力	15	3.37	0.77
美學及創意能力	16	3.35	0.89
國際視野能力	17	3.34	0.80
正確發問能力	18	3.32	0.73
未來就業市場動態觀察能力	19	3.25	0.76
多元語文能力	20	3.23	0.87
技術操作能力	21	3.13	0.78
電腦軟體應用能力	22	2.92	0.86
科學專業能力	23	2.91	0.76

3. 學生自覺入學前學習困擾

學生自覺入學前之各項學習困擾程度如表5所示，學習困擾平均分數介於1.83±0.88至2.82±1.14之間。自覺困擾程度較高的三個項目依序為：不敢在課堂上提問或口頭報告、上課容易分心、不懂得規劃及安排時間。

表5　學生自覺過去各項學習困擾程度排序一覽表

（*N*=457）

過去學習困擾	排序	平均數	標準差
我覺得我「不敢」在課堂上提問或口頭報告	1	2.82	1.14
我覺得我上課「容易」分心	2	2.68	0.91
我覺得我「不懂得」規劃及安排時間	3	2.65	1.01
我覺得我上課「不會」摘錄重點	4	2.27	0.95
我覺得我「不敢」求助於師長	5	2.22	1.05
我覺得我學習遇不順利時，容易「選擇放棄」	6	2.18	0.93
我覺得上課「容易」想玩手機	7	1.94	0.96
我覺得我「不敢」求助於同學及朋友	8	1.83	0.88

4. 學生對未來的學習期望

學生對未來的各項學習期望程度如下表6所示，平均分數介於2.58±1.02至4.72±0.60之間。學習期望較高的三個項目依序為考取專業證照、獲得業界實務的經驗、增強語言能力；相對學習期望較低的三個項目依序為自行創業當老闆、工作後再進修、進修研究所。

表6　學生對未來各項學習期望強度排序一覽表

（*N*=457）

未來學習期望與規畫	排序	平均數	標準差
我打算考取專業證照	1	4.72	0.60
我希望能獲得業界實務的經驗	2	4.39	0.76
我打算增強語言能力例如：英文、日文…	3	4.34	0.80
我希望能參加社團活動，提升社交能力	4	4.31	0.80
我希望獲得出國交流的學習機會	5	4.30	0.91
畢業後我打算考取公職	6	3.78	1.01
我打算修輔系或雙主修	7	3.69	0.98
畢業後我打算出國進修或遊學	8	3.54	1.07
畢業後我打算進修研究所	9	3.37	1.03
畢業後我打算先工作後再進修	10	3.08	1.05
畢業後我想要自行創業當老闆	11	2.58	1.02

（三）學生入學後學業成績表現

學生於本校就學期間之平均學業成績如表7，各學期平均分數介於75.44±6.76至78.45±5.86之間、全年實習平均分數為81.91±2.50分。

表7　各學期學業成績表現之統計資料

（N=457）

各學期學業成績	最小值	最大值	平均數	標準差
第1學期	61.00	94.50	77.97	6.17
第2學期	55.60	95.50	77.24	7.42
第3學期	53.30	93.30	75.44	6.76
第4學期	62.20	92.30	76.93	6.44
第5學期	59.90	93.10	78.43	5.84
第6學期	58.86	92.31	77.08	6.45
第7學期	58.54	92.44	76.35	6.61
第8學期	32.88	90.88	78.45	5.86
全年實習	72.78	88.22	81.91	2.50

（四）學生入學前學習經驗、學習期望與入學後學業成績之相關性

1. 學生入學前後學業成績之相關性

本研究結果顯示本校護理系學生之入學前學業成績表現與入學後學業成績表現有非常顯著的關聯性，如表8所示，相關係數介於0.25至0.49之間，具有顯著的正相關（$p < .01$）。

表8　入學前學業成績與入學後學業成績之相關性

（N=457）

	入學後學業成績								
	第一學期	第2學期	第3學期	第4學期	第5學期	第6學期	第7學期	第8學期	全年實習
入學前學業成績	.49**	.41**	.40**	.43**	.39**	.41**	.40**	.31**	.25**

** 在顯著水準為0.01時（雙尾），相關顯著。

2. 學生自覺入學前能力表現與入學後學業成績之相關性

本研究結果顯示多項學生自覺入學前能力表現與入學後學業成績之相關性，如表9所示。學生自覺入學前之「服從與負責任的能力」、「文字撰述能力」、「自主學習能力」表現與入學後大部份學期之學業成績與實習表現成績有顯著的正相關。學生自覺入學前之「自我反省與改進的能力」表現與剛入學後第一、二、三學期之學業成績表現有顯著相關性。學生自覺入學前之「邏輯思考與分析能力」表現與入學後第一、三、四、六學期之學業成績有顯著相關性。學生自覺入學前之「倫理實踐能力」、「團隊合作能力」、「人際溝通與表達能力」、「正確發問能力」、「面對挑戰的能力」、「公民知識與實踐能力」表現與入學後第八學期之學業成績有顯著相關性。除此之外，學生自覺入學前之「社會關懷能力」、「倫理實踐能力」、「團隊合作能力」、「人際溝通與表達能力」、「正確發問能力」、「面對挑戰的能力」、「自我反省與改進的能力」表現與全年實習之實習表現有顯著的正相關。

表9　學生自評能力程度與入學後學業成績之相關性

（N=457）

	入學後學業成績								
	第1學期	第2學期	第3學期	第4學期	第5學期	第6學期	第7學期	第8學期	全年實習
社會關懷能力	-.03	-.04	.02	-.01	.04	.03	-.02	.06	.10*
倫理實踐能力	.07	.04	.09	.07	.09	.08	.02	.13**	.10*
服從與負責任的能力	.10*	.08	.12*	.12*	.11*	.14**	.08	.17**	.20**
團隊合作能力	.04	.03	.05	.06	.07	.08	.04	.15**	.20**
人際溝通與表達能力	-.01	-.02	.01	.00	.04	.03	.00	.12*	.17**
文字撰述能力	.09	.06	.11*	.12*	.13**	.14**	.10*	.17**	.18**
正確發問能力	.02	.01	.06	.07	.05	.07	.05	.10*	.11*
科學專業能力	.02	.00	.04	.03	.01	.02	.01	.03	.06

	入學後學業成績								
	第1學期	第2學期	第3學期	第4學期	第5學期	第6學期	第7學期	第8學期	全年實習
技術操作能力	-.02	-.03	-.02	.00	-.03	.01	-.01	.06	.08
電腦軟體應用能力	-.04	-.05	-.05	-.02	-.06	-.03	-.07	-.05	-.01
人文涵養與藝術鑑賞能力	-.01	.01	.05	.04	.03	.06	.04	.08	.08
未來就業市場動態觀察能力	-.02	.00	.01	.02	.03	.01	.04	.00	.06
自主學習能力	.14**	.12**	.13**	.13**	.13**	.15**	.11*	.16**	.21**
資料搜尋及運用的能力	.08	.07	.09	.08	.08	.08	.03	.09	.09
面對挑戰的能力	.03	.04	.07	.05	.05	.07	.03	.09*	.20**
自我反省與改進的能力	.10*	.10*	.10*	.09	.08	.09	.03	.08	.16**
閱讀理解能力	.06	.04	.07	.07	.03	.07	-.02	.06	.00
邏輯思考與分析能力	.10*	.08	.12*	.12**	.07	.12**	.02	.09	.09
分析時事與媒體素養能力	.03	.02	.02	.01	.03	.04	.01	.04	.06
公民知識與實踐能力	.06	.05	.05	.06	.02	.03	.00	.11*	.05
美學及創意能力	-.03	-.04	-.03	-.03	-.01	.00	-.01	-.03	.03
多元語文能力	-.04	-.03	-.02	-.01	-.02	-.02	-.03	.03	.09
國際視野能力	-.01	-.05	-.02	-.03	.02	.01	-.01	.01	.08

**在顯著水準為0.01時（雙尾），相關顯著。
*在顯著水準為0.05時（雙尾），相關顯著。

3. 學生自覺入學前之學習困擾與入學後學業成績之相關性

本研究結果顯示學生自覺過去之「不懂得規劃及安排時間」、「上課容易分心」、「上課不會摘錄重點」之學習困擾與入學後各學期之學業成績與實習表現成績有非常顯著的負相關（$p < .01$）。另外，「上課容易想玩手機」此項學習困擾與入學後第一學期至第八學期之學業成績皆有顯著的負相關（$p < .05$）。除此之外，從本研究結果顯示「學習遇不順利時，容易選擇放棄」此項學習困擾與入學後大多數學期之學業成績有顯著的負相關（$p < .05$）；也與實習表現成績有非常顯著的負相關（$p < .01$），如表10所示。

表10　學生自覺過去學習困擾程度與入學後學業成績之相關性

（*N*=457）

	入學後學業成績								
	第1學期	第2學期	第3學期	第4學期	第5學期	第6學期	第7學期	第8學期	全年實習
不懂得規劃及安排時間	-.15**	-.13**	-.12**	-.13**	-.14**	-.15**	-.17**	-.14**	-.22**
不敢在課堂上提問或口頭報告	.03	.05	.05	.07	.01	.01	.00	.00	-.07
上課容易分心	-.20**	-.18**	-.17**	-.16**	-.15**	-.15**	-.15**	-.16**	-.12**
上課容易想玩手機	-.22**	-.17**	-.16**	-.15**	-.11*	-.14**	-.10*	-.12*	-.06
上課不會摘錄重點	-.17**	-.16**	-.18**	-.18**	-.15**	-.17**	-.19**	-.15**	-.17**
學習遇不順利時，容易選擇放棄	-.10*	-.09	-.11*	-.12*	-.07	-.10*	-.07	-.08	-.12**
不敢求助於師長	-.02	-.02	-.01	.01	-.01	-.01	-.01	-.04	-.04
不敢求助於同學及朋友	-.04	-.04	-.02	-.03	-.02	-.06	-.07	-.08	-.07

**在顯著水準為0.01時（雙尾），相關顯著。

*在顯著水準為0.05時（雙尾），相關顯著。

4. 學生入學前之學習期望與入學後學業成績之相關性

本研究結果顯示學生對「打算考取專業證照」此項學習期望與入學後的大多數學期之學業成績有顯著的正相關（$p < .05$），而且在進入第五學期至第八學期，有更顯著的正相關（$p < .01$）。學生對「希望獲得業界實務的經驗」此項學習期望與入學後第五學期至第八學期學業成績及實習表現成績有顯著的正相關（$p < .05$）。另外，學生對「畢業後出國進修或遊學」的期望與入學後第三學期之學業成績有顯著的正相關（$p < .05$）。而學生對「希望能參加社團活動」此項學習期望與入學後第二、三學期之學業成績則有顯著的負相關（$p < .05$），如表11所示。

表11　學生學習期望強度與入學後學業成績之相關性

（*N*=457）

	入學後學業成績								
	第1學期	第2學期	第3學期	第4學期	第5學期	第6學期	第7學期	第8學期	全年實習
我打算考取專業證照	.10*	.07	.11*	.11*	.14**	.14**	.13**	.20**	.05
我打算修輔系或雙主修	.01	.02	.03	.03	.05	.08	.09	.04	.05
我打算增強語言能力	.03	.01	.01	.04	.04	.04	.05	.07	.02
我希望能獲得業界實務的經驗	.06	.03	.04	.05	.09*	.10*	.10*	.14**	.11*
我希望能參加社團活動	-.09	-.11*	-.09*	-.07	-.06	-.02	.03	.04	.00
我希望獲得出國交流的學習機會	.02	.02	.03	.04	.02	.03	.04	.08	.04
畢業後我打算考取公職	-.02	.00	.00	.04	.00	.02	.06	.07	.06
畢業後我打算進修研究所	.08	.04	.05	.05	.02	.04	.06	.06	.03
畢業後我打算出國進修或遊學	.05	.08	.08	.10*	.09	.08	.09	.08	.08
畢業後我想要自行創業當老闆	-.04	-.03	-.03	-.05	.00	-.04	.01	-.05	.00
畢業後我打算先工作後再進修	.05	.04	.05	.02	.03	.01	.03	.04	.00

** 在顯著水準為0.01時（雙尾），相關顯著。
* 在顯著水準為0.05 時（雙尾），相關顯著。

伍、討論

過去研究結果顯示五專制護理學生的學業成績比二技制或四技制學生的學業成績差，可能是因為年齡小、學習程度與認知差異所致（白玉玲、楊雅淑，2017）。本研究結果顯示本校五專制護理學生的入學前學業成績與入學後學業成績呈高度相關，而本校五專部學生的入學成績普遍介於中等程度或優秀程度之間。護理學生最重要的學習成效指標項目之一為畢業時即能取得護理師證照，所以從研究結果觀看，如何教學及輔導學生取得護理師證照是本校及教師非常大的挑戰。

過去研究結果顯示學生的學業成績與其能力表現有關聯，學業成就較高的學生在使用e-mail、應用電腦搜尋資料及操作套裝軟體之資訊能力高於學業成績較低的學生；學業成就較低的學生閱讀報紙和詩詞散文的頻率低於學業成就較高的學生（劉淑君，2013）。本研究也有相似的研究結果，例如：學生的「文字撰述能力」、「自主學習能力」、「服從與負責任的能力」、「邏輯思考與實踐能力」與各學期學業成績幾乎皆呈現顯著正相關。護理學者金繼春呼籲：「護理教育應從內容為導向轉變成以成果為導向，發展以培育專業需求素養為方針的課程架構」（金繼春，2010），本研究結果發現學生的多項能力不僅與各學期學業成績有關聯，也與全年實習表現有顯著相關，包含「社會關懷能力」、「倫理實踐能力」、「團隊合作能力」、「人際溝通與表達」、「正確發問能力」、「面對挑戰的能力」、「自我反省與改進的能力」等能力，此研究結果可以證實本校之護理教育成果，不但可以使學生應用這些能力展現在課業成績，學生能力的展現也符合護理臨床實務的需求及期望。

學生的學業成績與學生的實務實習表現有顯著相關性外，過去研究結果也顯示學生的學習困擾對學業成績表現會產生負向的影響（王曉萍、高毓秀，2010；蕭佳純，2023），而且五專學生受學習困擾的影響也顯著大於其它學制的護理學生（王曉萍、高毓秀，2010）。本研究顯示本校五專學生的學業成績及實習實務表現皆與學習困擾呈顯著負相關，與學業成績緊密相關的學習困擾為容易分心、想玩手機、不會摘錄重點、不懂得規劃及安排時間、容易放棄；另外，除了想玩手機此項學習困擾外，上列所述各項學習困擾也與學生的實習表現緊密相關。這些研究發現可以作為本校發展教學策略、班級經營及實習指導的重要參考依據。

學生的學習期望會影響其學業表現（張芳全，2021b），本研究結果顯示學生打算考取證照的期望幾乎與各學期學業成績呈顯著相關，而且隨著學期的時間推進，兩者之間的相關性愈來愈高；學生希望能獲得業界實務經驗的學習期望，於三年級開始（即實習期間）與學業成績及實務實習表現有顯著相關；畢業後出國進修或遊學的期望與部份學期之學業成績呈正相關；而相反的，學生希望參加社團活動的期望與學業成績呈負相關，尤其是在入學初期。由上述研究結果推測學生在不同的學習階段，受其學習期望影響而反應在學業成績或實習表現。

陸、結論

本研究結果顯示五專部護理學生過去的學習經驗與學習期望，與其入學後的學業成績表現有顯著的關聯性。本研究結果發現入學前學業成績與入學後呈極顯著正相關，凸顯學習基礎對未來學業成績表現的重要性。雖然學生自覺背景能力如文字撰述、發問、自主學習相對不高，卻與入學後學業成績呈現正相關，強調這些能力的提升可能對學生的學習效果有助益。學生的學習困擾，尤其是分心、玩手機等問題、不會摘錄重點、不懂得規劃及安排時間，與入學後學業成績呈極顯著負相關，強調為學生創造適當的學習環境及引導有助益的學習技巧，對提升學生學業成績的重要性。學生的入學期望會影響其學業表現，尤其是對專業證照的期望與相應學期的學業成績有強烈關聯，表示對專業課程的期望可能影響其學業表現。總而言之，本研究呈現對五專部護理教育的觀察，強調學習基礎、學生自覺能力、學習環境和學習期望對學生學業表現的影響，這些結果可以作為制定更有效的教學策略和以學生為中心的護理學生培養計畫之參考。

柒、建議

依據本研究結果提出以下建議作為提升五專部護理教育品質及學生學習成效之參酌。一、建議檢視目前五專部護理課程設計與教學策略，發展符合現在五專部護理學生的學習背景及學習能力之教育規畫。二、建議於課程教學過程中，融入可提升強化學生的文字撰述、自主學習、邏輯思考與分析、發問等能力之課程內容與教學活動，以助提升學生的學習效果。三、如何改善學生分心、玩手機等課室管理議題，非常值得教師們探討及開發相對應之改善策略。四、可於學生入學時及就學期間強化學生取得護理師證照的企圖心及自信心，以提升其學業學習表現。五、希望參加社團活動的學習期望與入學後學業成績呈負相關，這個結果值得進一步研究。

參考文獻

王重引、卓俊伶（2020）。練習過程中的期望程度決定動作學習效應。大專體育學刊，22（4），316-327。https://doi.org/10.5297/ser.202012_22(4).0003

王曉萍、高毓秀（2010）。五年制護專學生臨床實習學習困擾現況之探討。志為護理－慈濟護理雜誌，9（2），71-82。https://doi.org/10.6974/tcnj.201004.0071

白玉玲、楊雅淑（2017）。同科目不同學制及背景因素對學生學習表現影響之探討。華醫學報（46），148-163。

白博文（1977）。談學習困擾的輔導問題。師友月刊（116），10-12。https://doi.org/10.6437/em.197702.0010

吳淑芳、李梅琛、張靜芬、蔡秀鸞（2014）。不同學制護理學生運用「案例分析教學方案」於內外科護理學之滿意度。馬偕護理雜誌，8（1），15-27。https://doi.org/10.29415/jmkn.201401_8(1).0002

李旻樺、林清文（2003）。高中學生之自我效能、成功期望、學習任務價值與動機調整策略之研究。中華輔導學報（14），117-145。https://doi.org/10.7082/cargc.200309.0117

李維倫、古慧雯、駱明慶、林明仁（2020）。入學管道與學習表現。經濟論文叢刊，48（1），31-76。https://doi.org/10.6277/ter.202003_48(1).0002

沈千暉（2017）。評析高中職免試入學超額比序項目之適切性－以臺南區為例。臺灣教育評論月刊，6（9），236-240。

林永安（2018）。大學校院高休退學率形成原因及因應之道。臺灣教育評論月刊，7（7），158-163。

林佩璇、傅木龍（2022）。十二年國教升學悖論之芻議。台灣教育研究期刊，3（6），1-25。

林進材（2010）。從學習困擾與因應論有效學習策略的運用。師友月刊（515），64-69。https://doi.org/10.6437/em.201005.0064

金繼春（2010）。護理核心素養的培育－從理念到實踐。護理雜誌，57（5），24-26。https://doi.org/10.6224/jn.57.5.24

翁志強、孫瑞霙、廖玲珠（2010）。大學多元入學管道學生學習成效之比較分析：以某私立大學會計系學生為例。經營管理論叢，6（2），69-92。https://doi.org/10.6872/omr.201012_6(2).0005

張明蘭（2019）。不同入學管道學生學習表現之探討－以某科技大學護理系學生為例。華醫學報（50），92-106。

張芳全（2021a）。國中生的自我教育期望對師生關係與數學學習興趣影響之縱貫研究。學校行政（132），1-30。https://doi.org/10.6423/hhhc.202103_(132).0001

張芳全（2021b）。國中生的家庭背景、家庭學習資源、學習動機、教育期望、自然學習成就對數學學習成就影響之研究。臺北市立大學學報教育類，52（2），1-30。https://doi.org/10.6336/jutee.202112_52(2).0001

教育部（2022）。當前教育重大政策。Retrieved 2023年7月19日 from https://www.edu.tw/News_Content.aspx?n=D33B55D537402BAA&s=37E2FF8B7ACFC28B

許哲耀、鄧家駒、陳郁婷（2014）。動力還是壓力？國中生教育期望、學業自信對學習表現與身心壓力之影響。Journal of Data Analysis，9（5），135-146. https://doi.org/10.6338/jda.201410_9(5).0007

許錫珍（1976）。國中一年級女生學習興趣與困擾的調查分析。師友月刊（109），26-31。https://doi.org/10.6437/em.197607.0026

陶宏麟、吳幸蓁、陳碧綉、楊怡雯（2020）。大學入學管道與學業表現－以北部某私立大學為例。經濟論文叢刊，48（2），221-268。https://doi.org/10.6277/ter.202006_48(2).0003

游崑慈、林俊銘、徐宜成（2022）。入學管道、缺曠課行為與學習表現之探討－以某科技大學行銷與流通管理系為例。計量管理期刊，19（2），105-130。

楊怡姿（2017）。從學用落差現象談高等教育的價值與未來。臺灣教育評論月刊，6（4），32-34。

廖羚吟、王曉玫、黃光宇（2022）。影響大學休退率相關因素之探討。嶺東學報（49），333-347。

劉佳鎮（2010）。推動教育永續發展：學校應有之作為。學校行政（68），116-126。https://doi.org/10.6423/hhhc.201007.0116

劉淑君（2013）。高中學生之學習經驗差異與教師教學因應策略。雙溪教育論壇（2），53-65。

衛生福利部（2023年09月10日）。111年各類醫事人員性別統計。https://www.gender.ey.gov.tw/gecdb/Stat_Statistics_DetailData.aspx?sn=nBT88TUWFkuuUVpqGWj2ow%40%40

蕭佳純（2023）。高中生學習困擾與基本素養關係之多群組樣本分析：以學校環境因素為中介變項。教育理論與實踐學刊（47），1-31。https://doi.org/10.7038/jetp.202306_(47).0001

薛來銘（2021）。休退學率與學業成績之關係分析－以北部某專科學校為實例。耕莘學報（特刊），97-102。

大學精準招生作業之多元分析策略與成效探析

弘光科技大學招生策略中心主任、
弘光科技大學文化設計與行銷系助理教授
林敬榮

弘光科技大學護理系助理教授
沈碩彬

弘光科技大學校長、健康事業管理系特聘講座
黃月桂

弘光科技大學校務研究辦公室研究人員
黃俐瑜

壹、前言

2019年COVID-19爆發，使得我國高等技術教育體系面對「招生」之課題雪上加霜，受到疫情的影響，教育環境由實體轉為網路，除了加深「少子化」、「國際局勢」、「城鄉差距」等問題的困難性，亦擴及整個社會、企業與國家的發展，「缺工」不再僅是企業與企業間的競爭。在過去人與人的連結多來自於面對面溝通與協調，透過對方說話的語調及行為姿態，確定是否與自己的行事風

格相近，於是以往的招生方式不乏分為四大類型：博覽會、進班宣導、集合宣導及模擬面試，不難看出實體招生的重要性；然而，當疫情劃出人與人之間的距離時，倘若招生策略方式維持固有的觀念，勢必在資訊爆炸的潮流之中逐漸被淡忘。因此，為達到學校的永續經營發展，展現學校的亮點特色以提高註冊率，媒體網路的行銷方式將會是未來招生策略擬定之重點。

另一方面，我國經濟與產業在疫情的衝擊之下，電子資訊、軟體、半導體業缺工現象難以緩解，企業提供優渥獎學金或是津貼吸引高中職生的目光，進而間接影響學生持續升學意願，所以在因應策略上，學校須積極面對與企業間的合作交流，企圖降低學用落差，提升學生實務操作能力，以期培育企業所需人才，促使學生、學校與企業間三贏之局面。為了培育學生在工作職場上所需之能力，學校不僅提供多元發展的環境，也試圖串聯學生過去的學習歷程，協助學生擘畫出屬於自己的藍圖，進而提升學生就業力，達到適性揚才之學習成效，是以學校不能忽視學生在青少年時期近十年的自我探索，應經由嚴謹的審核機制，再佐以縝密的輔導策略，以系統性地整合出學生學習軌跡。因而「招生專業化」會在大學端扮演重要的角色，藉由相關校務研究分析與運用，提供學校招生策略擬定之參考，打造出以學生為主體的全方位環境，以落實終生學習之願景。

本文以中部一所科技大學為例（以下簡稱本校），本校校務研究辦公室自2014年成立以來，整合校內相關專業背景教職員，並延攬校外專業人員組成專業團隊，除了蒐集、分析及歸納校內外資訊，亦形成校務決策者在改善、優化行政或教學實務上的重要依據。而在大學精準招生作業上，並非單獨由教務處或招生策略中心單一單位負責，而是需要與圖資處、校務研究辦公室等單位緊密協調與配合，方能共創學校招生之榮景。因此，本文的觀點認為：大學校務研究應從多元分析策略著手，包含：傳統統計、機器學習、人工智慧系統等，並且結合各單位的專業能力與知識，才能在眾多問題中提出即時、有效與重點的決策建議。綜上所述，過去校務研究辦公室多以配合單位需求完成基礎統計分析，給予學校初步現況調查結果，如今在人力資源有限的情況下，校務研究應滲透到各單位的核心決策中，建立單位與系所間的溝通橋樑，以合作的方式整合校內、外資訊執行相關研究分析，深化學校校務研究之思維，提升校務研究能量，並提出精準的校務決策，實現SDG4「確保有教無類、公平以及高品質的教育」之目標。

貳、精準招生之多元分析策略架構

校務研究支援招生專業化，以數據為導向提供招生決策建議，本文提出招生決策可採用多元分析策略，包括：傳統統計（數據分析）、機器學習（模擬預測）、人工智慧（系統建置）等三大架構，藉以運用不同分析角度進行各項招生議題，提供招生單位不同層面的策略建議。

一、傳統統計

教育部於108學年度起實施十二年國教新課綱，改變各大專校院招生選才方式，而為因應111學年度起適用的多元入學方案（108學年度高中職），學校訂定選才內涵及評量尺規，以技術教育體系的學校為例，應於110學年度進行模擬試評，來預期111學年度適性揚才的專業化選才制度，其方式是運用111學年度評量尺規架構訂定110學年度類尺規，再依據類尺規結果來檢視其評量內容是否符合實際情形。因此，為了能通過統計技術推估111學年度學生總體情形，可藉由傳統統計方法進行資料收集、抽樣及假設檢定，並經由嚴謹的設計調查流程，運用已知的數據判別總體的特徵，爾後再將結構化的數據以統計圖表方式呈現。然而，何謂「傳統統計」？為瞭解其與大數據間各自具備的統計意涵，以文獻所提的「認識數據、收集數據、分析數據」進行探討：（李金昌，2014）

認識數據：傳統統計在來源、類型及量化方式與大數據有根本性的變化。在傳統統計中，數據來源是可識別、確定及事後核對，類型上多以「結構化數據」進行收集，且量化方式能用於各類運算與分析，並已經有完整一套方法與流程；但在大數據中則是雜亂且不規則的，難以使用單一方式進行分析而得到相對應的理論結果。

收集數據：如前項所言，傳統統計是有針對性地去收集特定數據，而大數據的資料豐富卻良莠不齊，使其需要學習如何識別、整理、提煉、刪除與儲存等過程。

分析數據：綜上所述，為能從中提取需要的訊息，兩者間有三大差異—其一，傳統統計的過程為「定性－定量－定性」，大數據則為「定量－定性」，前者需要先經由相關的經驗或理論，方能找出後續定量分析的方向；其二，在實證方面傳統統計需針對研究目的進行假設，並依據假設進行資料的收集，最後再去驗證其假設是否成立，故分析的思維歸納為「假設－驗證」，由於這種方式易因假設的限制產生資料上的誤差或缺失，故大數據無此限制，並且能從中發現關連與規律，進而推論與總結，其思維則為「發現－總結」；其三，在最後的推斷分析中，傳統統計是藉由樣本推論總體，是為「分佈理論－概率保證－總體推斷」的邏輯關係，結果會受到樣本好壞而影響最後成果，而大數據強調總體數據，使得邏輯關係改變為「實際分佈－總體特徵－概率判斷」，以實際分佈得出最終的判斷。

總而言之，111學年度是首次面臨以評量尺規進行的招生選才，不論是高中職端的學生學習歷程檔案，或是入學考試的資料，在資料建置上都是以更完整、更完善的方向進行，意味著學校在大數據來臨前，應進行傳統統計的評估，方能確認後續資料的收集、篩選、彙整、分析等流程。因此，校務研究所扮演的角色不僅局限於分析，應與相關單位緊密合作，控管整體調查流程的設計，釐清資料的來源與類型，訂定量化分析方法，以確保後續資料分析的可信度，降低在模擬分析所產生的誤差，才能從數據中挖掘到有效的決策建議。是以，本文提出校務研究與單位間合作流程可以圖1來表示之，為能凝聚校內共識、提升招生專業化知能，校務研究藉由描述統計、評分者信度、差分檢核等傳統統計技術預判未來之成效，並與單位間進行雙向的溝通與修正，完善學生資料的收集，得以連接校內資料執行大數據分析，提供各系學習準備方向、評量尺規、招生選才策略與實施建議，達到學生適性揚才之目標。

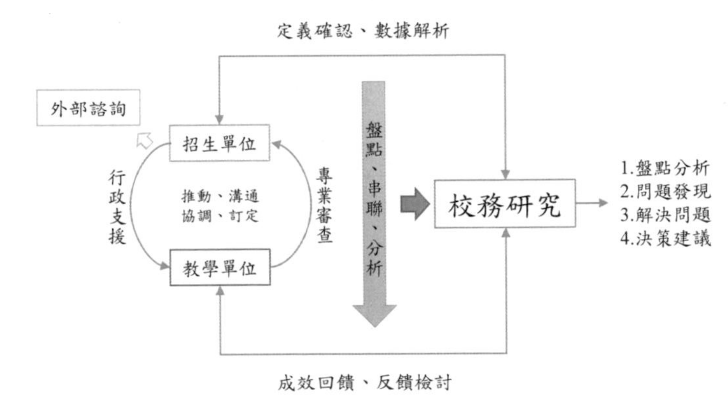

圖1　校務研究與單位間合作流程

註：校務研究應盤點、串聯與分析資料，並與相關單位保持溝通與對談，以達到完善的合作流程。

二、機器學習

（一）多重資料連結：問卷調查→網頁分析工具→學校與教育部統計處資料

為全面性觀察數據間的關聯，以供後續強化招生、行銷投放之策略，本文串接問卷調查、網頁分析工具與教育部統計處資料，並運用機器學習的方式深入探索招生策略議題。

首先，在問卷調查方面，結合「招生宣導成效問卷——學生從哪些管道得知本校招生或學校訊息？」及「校務滿意度問卷——家長希望學校能提供哪些招生或學校資訊？」等資訊，除了能得知社會大眾對本校的基本資訊來源，再後續也可視為招生前端的行銷策略調查。其次，藉由以下提及之Google Analytics與Google Search Console工具所產出曝光次數、點擊次數、網頁瀏覽量及使用者人數來瞭解後端行銷成效，以改善單位網頁之設計，優化網路宣傳效果。最後，依據學校生源資料與教育部統計處之高中職資料，彙整出各系與高中職間的關係，提出對應的評估策略。換言之，此處招生策略分析運用多重資料連結，其間順序關聯可為問卷調查→網頁分析工具→學校與教育部資料。

（二）Google網頁分析工具

在大數據時代下，資料多以非結構型或半結構數據儲存，類型多樣化、無標準、難以用傳統統計分析加以表現，且來源多自不同網路資訊或資料庫，為能從數據中掌握出重要資訊，勢必要不斷進行分類、篩選、過濾與選擇，並清楚各類型數據分析與描述，方能成功對接出數據的關聯性，進而有效運用於各項研究中。為納入更多元的資訊以提供招生決策參考，網路資訊的流通在疫後時期逐漸形成新趨勢，招生策略與數位行銷緊密關聯，網路口碑塑造學校品牌形象，然而行銷系統數位化相較於實體更難以追蹤，若要初步觀察網站中使用者的資訊，可利用Google免費提供Google Analytics與Google Search Console的網頁分析工具進行監測與蒐集使用者行為（康育祺，2017）。

由於網頁分析需運用到大數據的蒐集與測量，從而廣泛的取得校網頁資訊，為能初步追蹤與探索目前網頁現況，在資源有限之下可運用以下兩種Google工具，以獲取網頁熱搜關鍵字、網路聲量等資訊進行網站的分析評估：

Google Analytics：此為Google網站流量分析工具，可透過記錄網站的進站狀況、瀏覽情形和商品購買等指標，讓使用者能更有系統的經營網站、觀察成效，其功能包含實時報告功能（實時監控網頁活動）、流量獲取報告（用戶獲取來源及流量獲取成效）、互動度報告（用戶於網頁中的互動和轉化）及創收報告（網頁可獲得的收入）（Jay，2021）。

Google Search Console：此為Google開發的SEO（搜尋引擎最佳化）工具，其方式是依據網站於Google搜尋結果進行網路爬蟲探索，以自動化的方式讓使用者清楚監控網站流量、優化網站搜尋排名，產出報告包含曝光次數、搜尋排名、點擊次數（Google，2023）。

（三）集群分析

綜上所述，在納入問卷調查、網頁分析工具、教育部統計處高中職資料，為能從眾多訊息中歸納出系所招生策略的特徵，需運用機器學習的方式，將已知的資料去判別出更具體策略建議。「機器學習」定義是為經由大數據的反覆訓練後，讓電腦具有更高的判別能力得到正確解答，以比較預期的資料（標籤、監督訊號）輸入學習模型之中，並經由反覆的比較、修正、調整後完成最終的模型（如圖2所示），常見的演算法包含了迴歸分析、集群分析、決策樹、邏輯迴歸、貝葉斯模型等（株式会社アイデミー、山口達輝，2020）。機器學習可分為兩個項目：分類與分群，本文提出以「分群」作為招生策略分析的研究方法，運用集群分析的統計技術來建置模型，將系所分為五大類並提出對應的招生與行銷建議。

「集群分析」可分為階層式或非階層式兩種方式，前者是不斷找出相似的特性逐漸合為同一集群，後者則是給定群類數量來劃分資料，其目的主要是辨識樣本相異或相似的特性，並依照這些特性將樣本進行數個群類，使得同群類有高度的同質性，而不同群類則有高度的異質性，最終將賦予每個集群特定的解釋（陳正昌、林曉芳，2020）。由於未有固定的標準可以作為判斷集群數的依據，因此，在整個分群處理的流程中，應不斷納入單位的實際經驗進行修正，並調整資料的輸入來提高模型的學習能力，逐漸優化模型的精準度，使得在這資訊爆炸的時代裡，利用模型所產出的結果找到應對方法，提供不同的決策建議。

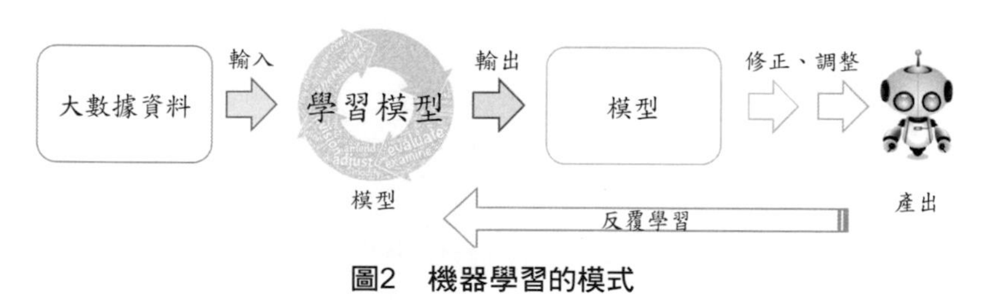

圖2　機器學習的模式

註：任何模型的建置須經由反覆的訓練才能達到預期的效果。

三、人工智慧

（一）人工智慧的基本內涵

隨著資料庫的整合，與大數據分析的運用，為能快速利用巨量資料提供校務決策層即時、快速、正確的訊息，擬進行人工智慧系統的開發，執行複雜的統計計算，並運用已優化完成的訓練模型，來達到精準策略建議提供。2010年代大數據與人工智慧方法逐漸融入社會，可說是「見山是山、見山不是山、見山還是山」的歷程。再加上資料在科技進步的推動下由紙本轉為數位，並在雲端資料庫開發中累積成為龐大的資料庫，又經由建置統計學習模型進行大量資料的運用，使得可預測研究對象潛在行為，或是分析出特定族群的行為脈絡，以達到迅速且精確地解析各項行為之理論。其中，在統計學習模型最常使用的分別為「機器學習」及「深度學習」，與傳統統計的方法相比，人工智慧方法已針對資料（資料共享平台與機制）、模型（融合解釋性與預測模型）、領域（可重現與不可重現的計算架構）中有了重大轉變，可藉由歸納與探索獲取巨量且豐富的行為數據（黃從仁，2020）。

人工智慧的導入不僅可以減緩人力、提高工作效率，也可以在短時間內蒐集大量數據來進行分析，以模擬出研究對象的行為模式，因此，人工智慧系統的建置與分析，需要有專業人員的判斷，才能靈活運用龐大且多樣化的資料，以提供即時精準的策略建議。在人員選擇上不僅要有資料分析師的能力，也要懂得資料工程的思維，即為現今社會所提到的「資料科學家」，其角色主要的三大核心技能即包含了機器學習，由於機器學習可視為一項硬技能，所以最常入門資料科學的三大背景為資訊科學、數學與統計、商業知識，其中又以數學與統計為主——統計方式的抉擇與運用，方能導向正確的決策方向（CAMP，2022）。

（二）開發招生策略分析的人工智慧系統

校務研究（Institutional Research）起源於美國高等教育大學，因蓬勃發展而衍生出的經營問題與校務治理，為幫助學校未來發展與決策，透過資料蒐集、分析與歸納校內資訊，以提供校務決策者改善或創新決策的重要依據，故校務研究不僅只是分析數據的單位，其性質應有著與行政或教學單位的溝通，瞭解單位需求、目標與研究目的；分析並假設問題，不斷拆解、假設、解析與驗證研究問題，試圖找出問題的癥結點；模型建立與優化，建置基礎模型以利導入AI技術，長期追蹤與改善問題；決策擬定與建議，提出佐證資料並反饋單位作為政策參考依據……可視為教育界的「資料科學家」。

在少子化的衝擊下，學校面臨招生問題，為了能在競爭中得以永續經營發展，本文以未來學生、入學前、在校學習、畢業情形等四大面向去探討（如圖3所示），從學生入學前到畢業後，勾勒出學生的學習軌跡，進而架構出未來人工智慧系統開發的方向及預期成效。相較於單一的統計分析方式，人工智慧在前期作業應較為審慎的評估，並密切的單位間溝通與合作，才能廣泛收集情報，提出最完善的策略建議，立即性的調整校務決策方針。然而，招生策略方式千百種，學生選校因素與選系因素也不盡相同，故本文分為校、系兩層面去思考，運用不同的變數從巨觀到微觀，進而達到見樹又見林的效果。

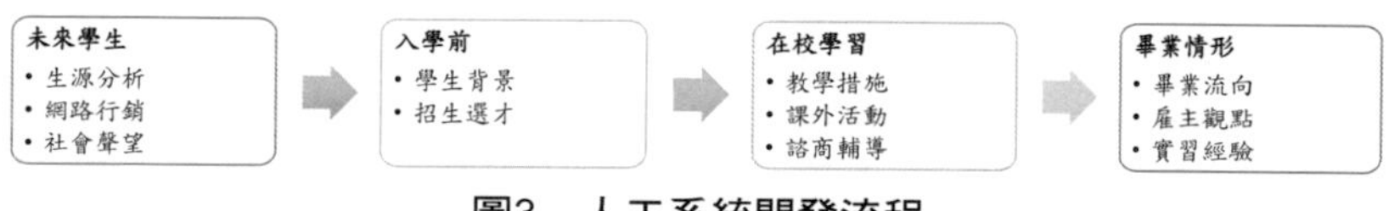

圖3　人工系統開發流程

四、多元分析策略

為能完成學校、單位、學生、利害關係人間的連結，本文將於後以選才、招生、培育到就業等四大階段進行縱貫性研究：

選才，為達到深化學習歷程與成效評估的研究成果，學校應先瞭解未來學生之特徵，並藉由學生評量尺規的分析結果，規劃後續招生、教學與輔導之方向；招生，為建立高中職與大專校院間的鏈結，並從中找到適合的推廣、行銷與合作方式，除了運用GOOGLE提供的工具初步觀察出學校網路行銷與社會聲望之現況，在「生源分析」也是各大專校院首要且最重要的研究，由於高等教育的招生宣導策略不勝枚舉，將透過學生來源高中職的公私立、縣市別、群類別等，以觀察出學校應拓展的目標。培育與就業，串聯學生高中職學習歷程、問卷調查、在學學習狀況及未來就業發展等資料，以機器學習的方式進行分析，進而歸納出各系學生的特徵，並提供有效且具體的策略建議。

綜合與彙整上述資訊，開發並導入人工智慧系統，以視覺化的方式觀察學生入學前到畢業後之學習成效，定期的更新與計算，讓單位能隨時管控目前現況，即時改善或優化校務治理，達到永續經營之目標。

參、初步研究成果

依據圖3流程呈現本校的研究成果，首先，瞭解學生的生源分佈、學校網路聲量；其次，關注高中職學習歷程與招生選才，串聯學生入學後的學習成效，並追蹤至就業情形；最後以視覺化方式呈現出學校校務永續經營之成果。

一、未來學生

（一）校內資料庫與教育部統計處資料串連分析結果

本校在執行生源分析過程中，納入校內資料庫與教育部統計處兩種資料源：在校內資料裡取得學生的基本資料，包含高中職、公私立、身分別、居住地等資訊；教育部統計處則可得高中職學生數、各群類人數、縣市地區等。前者能瞭解學校主要招收對象的來源分佈，後者則能彙整出重點學校目前現況，若以單一的資訊運用於招生策略略顯不足，為進一步納入更多考量因素，在研究上結合學生休退情形、高中職端現況等，以豐富提供的資料完整性，不僅只是與校內資料簡單地進行交叉分析，而是更深入探討學生入學後的學習表現，例如：該高中職學生對本校的忠誠度、就學穩定度及少子化的影響程度等。研究成果如圖4所示，將資料以氣泡圖的方式呈現，使得單位、系所在招生前可針對高中職現況對應不同的資源分配，讓招生策略發揮實際應用的成效。

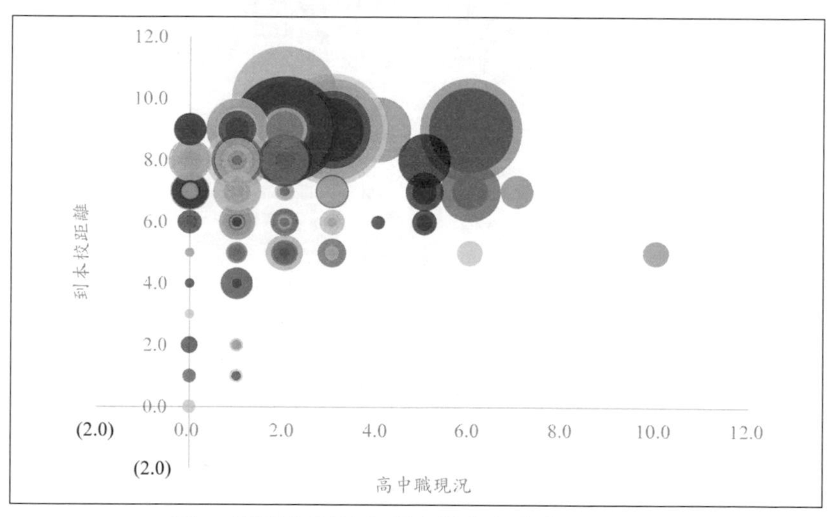

圖4　視覺化系統呈現本校與各高中職的關係

註：X軸為高中職現況（標準化），Y軸為到本校距離（標準化），顏色為不同高中職，圈圈大小則為進本校人數。藉由視覺化圖型可有效觀察本校與各高中職的關係。

（二）招生宣導與家長滿意度問卷調查與結果

本校在「招生宣導成效」問卷調查結果中，題項為「得知本校相關訊息的主要管道」有35.52%的學生是運用本校官方網站，繼老師、朋友、同學、家長之後的主要資訊來源，再對應「家長滿意度」問卷調查結果，如圖5以文字雲所呈現，多數家長反映學校應提供關於證照、住宿、溝通管道等資訊，顯示出學校網頁理應呈現友善介面設計，以有效傳達給學生與家長們，建立起學校、學生與家長間的溝通平台。

圖5　文字雲呈現家長滿意度問卷調查結果

註：運用文字雲的方式呈現學生家長在建議中最常出現詞彙。

（三）Google網頁分析結果

由於Google Analytics與Google Search Console提供的資訊非常豐富，所以在Google Analytics中主要是使用流量來源分析及點擊歸屬分析，從中擷取出各系在網頁的瀏覽量及使用人數之資料，並搭配Google Search Console曝光次數及點擊次數進行集群分析。本文先利用地圖分析來繪製流量來源可得圖6，發現使用本校網頁的使用者主要來源以台中市為主，其次則為台北市及高雄市，中部縣市（彰化、苗栗、南投）的使用人數則落於第五名之後，顯示出網頁資訊對於非生源地區的重要性；另一方面，如表1所示，點擊歸屬若排除google搜尋點擊，則以「連結分享」為主要流量管道（占整體的42.95%），透露出網路連結的分享可有效進行資訊傳播。

表1　Google Analytics工具分析本校首頁主要流量管道

管道	人數	比例
google	100,956	47.61
使用連結分享	91,082	42.95
最新學測|統測|指考榜單查詢	2,506	1.18
技專校院招生委員會聯合會	1,223	0.58

圖6　流量來源的地圖分析

註：顏色較深之縣市代表該縣市人口瀏覽本校網頁相對較多。

綜上所述，本文運用集群分析將Google Analytics與Google Search Console的曝光次數、點擊次數、網頁瀏覽量、使用者人數進行分群，並依據上述所有分析結果給予各系不同的決策建議，如圖7所示，由於招生策略對於學校的經營佔有一席之地，是各大專校院首要想解決的問題，在各項評估上勢必要多方面的考量。最後再輔以人工智慧的建置，以視覺化的方式呈現，並提出對應的招生策略，將帶來的益處不僅能有效分配資源、減少人為的疏失，亦能快速且即時的分辨潛在問題，進而達到以事證基礎輔佐校務決策之運行。

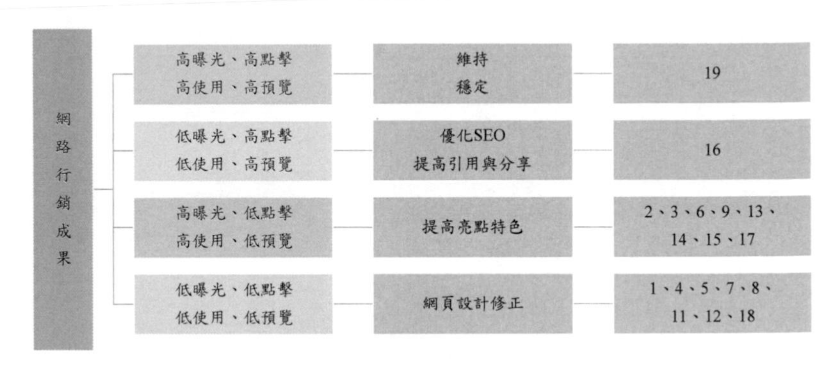

圖7　網路聲量樹狀圖

註：編碼為系所代碼，如系所19顯示該系網頁有較高的瀏覽量，建議維持穩定。

（四）社會聲望校務滿意度調查結果對照

為確認招生策略的方向有無偏誤，本文運用社會聲望校務滿意度進行分析，非中部地區的民眾僅有三成聽過本校，其中「認為本校具有媒體曝光率」平均分數為3.04分（滿分5分），顯示出本校在非中部地區的知名度較為薄弱（表2），若與圖6的網頁預覽量進行關聯性探討，排除台中地區確實在非中部的使用者較多，因此，在網路行銷上應進攻的客群以非中部為主，並善用分享或嵌入連結的方式來進行傳播，提高網路聲量的曝光度，進而達到招生行銷之效果。

表1　社會聲望校務滿意度結果

問卷題目	平均數	
	中部（N=137）	非中部（N=230）
在教學或研究上表現卓越	4.01	3.37
學生具備專業知識與能力	4.04	3.56
學校聚焦永續發展目標落實高教公共性	4.11	3.66
具有媒體曝光率	3.46	3.04

註：滿分五分等

二、入學前

高中學習歷程與招生選才資料的串聯，想探討的不僅是學生入學資料，也希望從中找到何種特質的學生會選擇本校，以協助系所找到適性適才的學生，由於111學年度為第一次實施招生選才評核方式入學，為能提前因應並模擬評分機制，本校於109及110學年度分別進行兩次模擬試評，以期找到適合的方式做出最佳解釋，運用了多元統計方法，包含平均數、雷達圖、組內相關係數（以下簡稱ICC）、差分檢核等，如圖8所呈現：

透過雷達圖觀察學生在各入學管道下評量尺規項目上的優劣勢，使得本校能清楚地知道該名學生入學後，可針對項目實施對應的輔導措施；利用ICC值測量不同評分者在同一評量尺規之結果是否有一致性，由三位評分者對學生的評量尺規進行共識度高低之檢定，若低於0.4以下之系所則應再進行共識會議，讓教師在評分上不失準則；最後使用差分檢核機制確認導師之間是否評分上有落差，在109學年度統一運用總分差10分或15分計算，以學生相差一個等級的分數為基準點，讓系所可以確認哪些學生在評分上有所差異，進而瞭解未達共識之因素並優化評分項目，在110學年度各系所已考慮周全，故此部分將依各系制定的差分檢核機制進行分析，若依舊有差異則建議系所再次確認共識性，或與選才單位確認訂定是否過於嚴苛等。

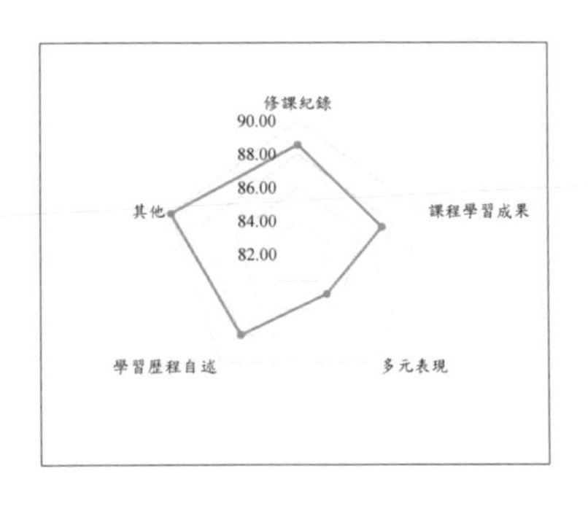

群類	ICC組內相關 (>0.4)	Kendall's W檢定 (>0.3)	差分檢和
A	Δ	Δ	
B	X	Δ	無差異
C	X	Δ	

圖8　差分檢核結果

註：以本校某系結果為例，在修課紀錄、學習歷程自述及其他的資料分數較高，而在一致性的部分為中度一致，建議可再討論修訂。

在110學年度除了109學年度所進行的分析項目，為能更明確反映不同的評分者在測驗過程當中進行觀察、紀錄、評分等各方面的一致性，增加Kendall's W檢定來加以觀察評分者間的共識度，雖然部分系所在110學年度依舊遇到未達共識的問題，然而經過109學年度的經驗，校務研究與單位、系所間已建立起溝通與合作模式，以確保後續111學年度資料的完整性，最終達到「選才」之目標。

三、入學到畢業

綜合上述，選才與招生後，為探索學生在校適應情形與學習情況，本文運用校內資料進行在校學習分析，並結合畢業流向、雇主滿意度等調查分析學生就業後表現，此外，為了能有客觀數據的比較，在資料解析上納入了高中職學習歷程檔案（暨南國際大學提供）、勞動部、雜誌或網路調查等，以確認是否有效連結高中職與大專校院，達到學用合一之效。111學年度是首波以「選才」方式進來的學生，大學端不僅要了解學生入學前在高中職端的學習表現，並適時地提供輔導策略，協助系所培養出能適性揚才的學生，因而大專校院提供銜接課程以期望學生能及早適應大學生活環境。校務研究應整合資料庫，並針對招生改進、教學精進及學生輔導進行研究，運用大數據串聯學生學習歷程檔案（資料整合之架構如圖9所示），刻劃出學生的學習軌跡，輔佐學生完成教育，走向屬於自己的未來，實現SDG4「確保有教無類、公平以及高品質的教育」的目標。

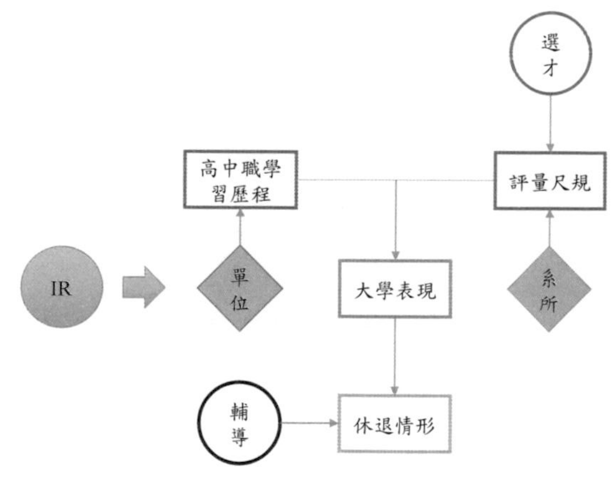

圖9　大數據資料整合之架構

註：紅底表示後續系統的開發，綠底表示研究目的，藍底表示資料庫，黃底表示學習成效評估，藉由盤點來整合校內所有資料之關聯與後續規劃。

在銜接課程的部分，可以連結的不僅是參與課程的滿意度，學生的身分別或是高中時表現都是考量的項目。藉由休退學分析能發現「志趣不合」的因素占全國的最大宗，若能在銜接課程中提升學生興趣是非常重要的干預措施，那麼在開課前應針對過去開課的狀況進行分析，運用110學年度的教學評量的結果，顯示出「能提升學生學習興趣」分數5.45（滿分6分），相較其他評分項目中是較為薄弱的項目（分析結果如圖10所示），建議111學年度在開銜接課程中應注意教師的教學方法，內容與設計是否有效激發學生學習動機等，並將於111學年度持續追蹤評量分數，以提升學生在校適應情形。

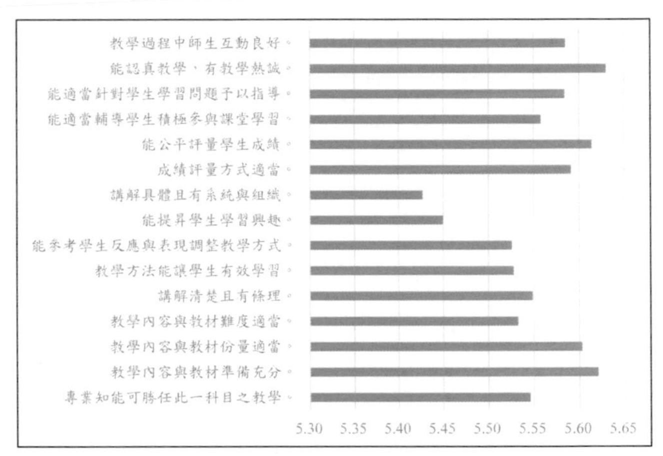

圖10　教學評量的平均分數

資料與資料間、議題與議題間——密不可分。從招生、選才與開課的研究中，可串連出學生的特質與學習表現，而當連結畢業流向與雇主滿意度等調查數據，顯示出疫情時代學用相符比有所下滑（依據本校110學年度的調查平均從4.41→4.16），再加上Cheer雜誌於2021年揭露企業對於軟實力的需求有大幅度提升，那麼分析與評估學生在學的整體表現，不將只是納入單一的資訊，若能運用大數據進行結合各項類型的資料，佐以人工智慧的方式，提供多元發展建議，改變的不僅是有效管理學校資源的分配，學生在學習的過程中亦能如虎添翼，進而達到雙贏的局面。

肆、結論與建議

面臨少子化的風暴，私立科大將是主要衝擊的對象，為防止在這浪潮中被抹去，各大專校院進行組職的改革與變動，那麼校務研究在整個過程中又扮演著什麼樣的角色呢？依據過往的運作方式多為單位、系所、學校指定任務進行研究分析，可將校務研究工作者視為資料分析師，專門蒐集、彙整、分析、檢驗與預測的專業人員，然而如文獻中裡提到當統計資料呈現出來時，該如何解釋與判定不應回歸到業務管理者的手上，而是有其專業能力可針對數據進行解釋的資料科學家，由於業務管理員並不具備統計數據的解讀能力，資料分析師則未能深入了解問題的癥結點，而資料工程師更不可能是分析與解讀的人員，因此，資料科學家在整個團隊中扮演著不可或缺的角色，也是現今校務研究專業上應朝向的方向。

本文認為在新世紀的校務研究中，應跳脫出僅是分析單位的思維，運行方式應逐漸轉為成決策單位，藉由後續高教深耕計畫不難看出角色的轉變，在各面向校務研究應採用多元分析策略，來協助學校精準作業流程，進而提升永續經營之成效。另一方面，在資料的呈現上，由於資料分析師的作業方式多以表格、數字或是文字簡單描述，易造成業務管理員解讀上的困難，僅能依據表面數字的高低進行探討，難以作為決策之參考，因此，為了善用多元且龐大的資料，人工智慧的建置刻不容緩，利用視覺化的介面搭起校務研究與單位間的橋梁，不僅人性化的呈現分析結果，提供即時的現況，也能深入且快速的探討潛在之問題，使得決策者能盡快擬定決策；同樣的運用在學生方面，依據學生的特質與表現，給予是當的輔導建議，並提供未來就業所需能力的課程，除了讓學生能穩定從就學階段到就業，也能打響學校知名度及系所的特色。

綜合以上，資料串聯與策略對接環環相扣，如同研究中招生影響著選才，選才影響著教學輔導，但回過頭來教學輔導也能對應回到招生及選才，這也是為何在人工智慧的時代下資料科學家佔有重要地位，協助資料工程師建置系統，靈活運用大數據進行機器學習分析，最後與業務管理者提出對應的決策建議：

未來學生，建置人工智慧系統串聯問卷調查、校內外資料以及網路資訊，應用集群分析探索網路使用者流量來源及點擊歸屬，針對各系所提出對應的網頁優化方向，並建議學校在非生源地區加強招生行銷投放，如：SEO搜尋引擎優化、學生或教師引用與分享等。

入學前，善用過往資料進行模擬與傳統統計分析，提出各系所學生之特質，並建構出單位與單位溝通的流程，藉以改善招生選才策略與措施，整合校務研究管理制度。

就業到畢業，結合多元化數據進行大數據分析預測，提高機器學習的學習能力，以視覺化方式提供相關單位學生學習歷程資訊，落實校務研究運用於全校策略之機制。

然而，雖然校務研究扮演著資料科學家的角色，但實際在作業上卻難以執行，除了單位的思維要轉換，人才的聘用可說是難上加難，統計、教育、資訊專業能力缺一不可，有能力要留住更是一大難題。其次，在資料的串接上，除了數據的正確性易受到人工作業導致誤植，在廣泛程度也會因資料的不透明性（包含個資問題）而讓成果有失精準。以上的問題皆未有解決的方法，但單位與單位間若能分工合作，溝通並相互了解，即使有所誤差結論亦相去不遠——校務研究進行研究問題與成效分析，行政單位提供研究目的與後端支援，教學單位執行決策與問題發現。三方面的溝通協調方能促使校務研究、行政單位與教學單位中取得平衡，並帶領學校及學生展望未來，達到永續經營之成效。

參考文獻

CAMP, A.（2022）。資料科學家在做什麼？Data Scientist 工作內容與3大核心技能。取自 https://tw.alphacamp.co/blog/data-scientist

Google（2023）。Search Console說明。取自 https://support.google.com/webmasters/answer/9128668?hl=zh-Hant

Jay（2021）。【GA完整教學最新版】Google Analytics從註冊設定到操作介面，一次學會網站流量分析！。集客數據行銷。取自 https://inboundmarketing.com.tw/websites-optimization/google-analytics.html

李金昌（2014）。大数据与统计新思维。统计研究，31（1），頁10-17。

株式会社アイデミー、山口達輝, 松.（2020）。圖解AI｜機器學習和深度學習的技術與原理（電子書）。。

康育祺（2017）。超詳細GA網站分析入門大全，看這篇就對了。政府網站營運交流平台。取自 https://www.webguide.nat.gov.tw/News_Content.aspx?n=531&s=2935

陳正昌、林曉芳（2020）。R統計軟體與多變量分析。。

黃從仁（2020）。大數據與人工智慧方法在行為與社會科學的應用趨勢[Applications and Trends of Big-data and AI Methods in Behavioral and Social Sciences]。調查研究－方法與應用（45），頁11-42。

透過校務資料科學評估大學畢業生的數位能力與求職競爭力

國立陽明交通大學校務大數據研究中心
劉育君

國立陽明交通大學教育研究所
楊子奇

壹、前言

從1990年代至今，社會和文化的變革導致學生群體更加多樣化，因此在高等教育背景下的學習需求也需更加多樣化。數位技術發展並深入我們的生活，人們早已被互聯網和一系列數位技術所包圍。因應網路時代的興起，聯合國教科文組織（UNESCO）和經濟合作暨發展組織（OECD）分別於2003年和2009年提出21世紀公民需要具備的能力，並鼓勵各國自訂各自的公民關鍵能力指標（UNESCO, 2003; Ananiadou & Claro, 2009）。歐盟委員會（European Commission, 2006）亦將數位能力（Digital Competence）列為終身學習的八大關鍵能力之一。並明確定義數位能力是一種在工作、休閒和交流時，能自信地和批判性地使用資訊社會技術（Information Society Technology，IST）的能力。我國教育部亦於2013年公布的10年人才培育白皮書同時將「資訊力」和「就業力」列為未來人才應具備的關鍵能力（教育部, 2013）。

如同預期，各種數位化應用正以越來越快的速度發展，並在各個層面影響著生活，它正在挑戰我們交流、娛樂、學習、社交和工作的方式。擁有數位能力正日益成為未來在勞動力市場取得成功的先決條件（Nemeskeri et al., 2016）。例如：企業重大的重組紛紛對員工的技能提出新的要求，開始制定新的管理方式用以評估員工的數位能力（Popova et al., 2022）。英國泰晤士報世界大學影響力排名（THE Impact Rankings）對各大學的衡量指標之一（SDG 11.4.3）也是師生職員對數位能力的一種展現方式。現今具備數位能力的人才已不僅指從事資通訊相關產業的電腦操作人員或軟體設計師，而是能執行數位活動、角色和任務並以重要方式為不同行業的數位化轉型做出貢獻的參與者（Dan et al., 2021）。歐盟委員更因此提出新版的「2021-2027數字教育行動計劃」（European Commission, 2020），除了修訂歐洲的數位能力框架以跟上數位時代的演變，也訂出多項能培育更多數位化轉型人才的重要計畫。

毫無疑問，數位能力是應對數位化挑戰的核心，而高等教育扮演發展數位能力的關鍵角色。因為，大學機構作為致力於學術專業與就業培養基地，如何將數位技術知能和素養融入在課程內容中並充分地傳遞給學生，是培養學生發展數位能力的主要來源（Lucas et al., 2021）。數位能力在現今教育環境中不僅是重要技能，也與學生的未來就業和生活息息相關。因此，學生在學習過程中運用與發展數位能力，正受到極大的關注（Núñez-Canal et al., 2022）。過去投入大學師生的數位能力評估的研究通常使用問卷和訪談為工具，這使得研究受到一些限制，例如問卷與訪談需要大量師生的配合，不容易常態與持續性的實行（Beardsley et al., 2021）。因此，當前有必要來發展更多有效率方法來改善這些傳統評估方式的缺陷，並提供更多關於大學機構中的數位能力的訊息。

對此，學者指出在課堂中使用數位技術與工具是培養學生數位能力的最佳方法（Costa et al., 2021）。了解教師如何將數位能力整合到教學與課程內容中，有助評估大學教師與學生的數位能力。在這個脈絡下分析課程大綱提供我們一個機會，來理解大學機構可能提供的數位能力培養機會（課程）。我們注意到透過人工方式來分析課程大綱可能比問卷更為費時費力。近年人工智慧技術成熟，可以訓練機器來學習人類的評估方法，並在可接受的準確程度下，大幅改善各種評估任務的效率。特別是文本分析這一類基於文字證據的評估任務（Hong et al., 2022）。有鑑於此，本研究運用人工智慧技術來協助評估大學中所有的課程大綱文件，藉此評估學生在大學期間修習課程所培養的數位能力是否有助於學生畢業後的發展。我們在匯整校務資料後，透過叢集分析發掘數位能力與畢業起薪級距的關聯，作為大學提供數位世代的技能培養的證據之一。具體而言，本研究的研究問題包含，RQ1：大學期間修習課程的數量是否與起薪有關？RQ2：修習涵蓋數位能力課程的數量與畢業起薪級距是否有關？

貳、文獻回顧

一、數位能力評估框架

數位能力不是新的名詞，它被定義為一組使用技術有效優化我們日常生活的能力（Ferrari, 2013）。過去，有些研究使用數位素養來描述上述這些能力。雖然這二者本質上不完全相同，愈來愈多的學者認為由於定義上重疊與翻譯等原因，數位能力和數位素養之間的區別變得模糊（Madsen, Thorvaldsen, & Archard, 2018）。一般認為，數位能力是一種技能，且與數位素養、媒體素養、ICT素養、資訊素養和網路素養有關（M Esteve-Mon et al., 2019）。也可以說是一組使用科技有效優化我們日常生活的能力（Ferrari, 2013）、一種使用技術的方式，以及如何透過促進技術的最佳集合來理解科技在數位世界中的影響。在教育現場學生使用數位技術製作和交流資訊就可以視為數位能力的展示。因此，我們統一使用數位能力這個詞。

隨著理解與評估數位能力成為日漸的重要，聯合國教科文組織旗下的職業技術教育與培訓國際中心於2022年整理建立的數位能力框架資料庫，提供了可用以評估公民、學習者和教育者的數位能力框架的全球性參考基準。該資料庫計畫在2023年擴大蒐集國家與地區性的數位能力提升策略及職業數位能力框架，目前網站中呈現了29個框架，其中與數位相關的素養（literacy）、能力（competence）、技能（skill）框架均被涵蓋，例如用來量測聯合國永續發展目標項目4-優質教育子指標4.4.2的Digital Literacy Global Framework，以及用來了解澳大利亞勞動力數位技能需求的澳大利亞勞動力數字技能框架（The Australian Workforce Digital Skills Framework, National Centre for Vocational Education Research）。以及由歐盟委員會發展來評估公民關鍵生活技能之一的DigComp框架。在諸多數位能力評量標準中，DigComp框架清楚的解釋了“數位能力”的含義。並明確提出了數位能力的五個組成部分（領域）。包含（1）資訊和數據素養；（2）溝通與協作；（3）數位內容創建；（4）安全；和（5）問題解決（Carretero et al., 2017）。這些能力可以反應在具體的行為和知識，例如：

Area 1，資訊和數據素養（Information and data literacy）：闡明訊息需求，定位和檢索數位數據、訊息和內容。判斷來源及其內容的相關性。並儲存、管理和組織數位數據、資訊和內容。

Area 2，溝通與協作（Communication and collaboration）：通過數位技術進行互動、溝通和協作，同時了解文化和世代間的多樣性。透過公共和私人數位服務參與社會，使用適當的數位技術尋求自我賦權和參與性公民的機會。管理個人的數位參與、身份和聲譽。

Area 3，數位內容創建（Digital content creation）：創建和編輯數位內容，改進資訊和內容並將其整合到現有知識體系中，同時了解如何應用版權和許可。知道如何為電腦系統提供易於理解的指令，包含程式撰寫。

Area 4，安全（Safety）：保護數位環境中的設備、內容、個人資料和隱私。保護身心健康，並了解數位技術對社會福祉和社會包容的影響。了解數位技術及其使用對環境的影響。

Area 5，解決問題（Problem solving）：確定需求和問題，並解決數位環境中的概念問題和問題情況。使用數位工具創新流程和產品。跟上數位化發展的步伐。

基於DigComp的定義涵蓋了教育與生活，且適用於各地區與不同層級的人民，是當前最多國家使用的版本。此外，DigComp可以對應至其它數位能力架構。因此本研究選擇以DigComp（版本2.1）作為評估框架。

二、大學生的數位能力與求職競爭力

數位能力的重要性已不斷被強調並被許多國家列為公民須具備的能力之一。新冠疫情全面地促使全球各項產業面對數位轉型議題，不僅改變了教育機構學生的學習過程和方式，更改變了勞動力市場的就業結構。數位能力也成為投入職場的重要能力與優勢。研究顯示，有47%的就業人數將因工業4.0與產業數位轉型帶來的數位革命而面臨裁員的高風險（Frey & Osborne, 2017）。他們大多從事中等技能的工作（如工廠作業員、助理、文書作業人員），尤其是女性（Krieger-Boden & Sorgner, 2018）。甚至因機器學習與人工智慧的發展，使過往需要更複雜感知和操作技術的工作也面臨就業風險。但他們的模型推測，需要高度創造力與社交智能的工作，以及高技能和高工資的職業最不容易受到影響。中華民國國家發展委員會於2022年所公布的「關鍵人才培育及延攬方案」中指出，根據行政院主計總處2011-2021年的事業人力僱用狀況調查結果，工業與服務業之專業人才[1]短缺比例從14%提升至17.5%，其中STEM領域相關職業的短缺數更占了前述專業人才的71.4%（國家發展委員會，2022）。換句話說，工作不是消失，而是需求轉變。不管是因應個人或整體工作型態轉變成更為彈性（不定時、不定點），蒐集、分析與判讀海量數據進而擬定策略的工作需求、或是對人工智慧、物聯網、擴展實境機器人、3D列印、無人機等新科技的使用與掌控能力，都成了需要搭配更多元且精進的數位能力之就業能力（Marr, 2019）。一些學者（Barboutidis & Stiakakis, 2023）更直指數位能力應該成為選擇、評估和配置人力資源的先決條件。其它研究則指出，為了讓個體擁有滿足雇主和客戶不斷變化的需求所需的素質和能力的就業力（CBI, 1999），並能適應未來工作環境的變化，雇主勢必青睞擁有21世紀公民能力以及能滿足產業數位轉型之數位能力的僱員（Mahmud & Wong, 2022）。無論從歐盟、美國、印度、馬來西亞或是其他新興經濟體的研究都可以發現，數位能力已成為雇主、求職者、教育者最重視的就業能力之一，並且高數位能力伴隨著接受高等教育後，能取得更高社會地位工作與更高薪資（Pažur et al., 2022）。

無庸置疑，各種數位化應用正以越來越快的速度發展，並在各個層面影響著生活，它正在挑戰我們交流、娛樂、學習、社交和工作的方式。教育發展策略應優先考慮培養學生相關技能、知識、技術和適應力，以確保就業人口能順利進入勞動市場。特別是，數位能力是應對數位化挑戰的核心，而高等教育被視為促進其發展的關鍵（Guillén-Gámez et al., 2021）。也是這一演變過程中受影響最大的

[1] 專業人才係指技能需求等級最高之職業。

領域之一，因為學生未來職業都將與資訊和通信技術的使用有關。作為大學的責任之一，大學機構要能夠將數位技術與數位能力的培養融入在課程內容中並充分地傳遞給學生，從而極大地增強學生的學習並促進他們的數位能力。

三、從校務研究角度評估學生的數位能力與就業競爭力

數位能力在現今教育環境中不僅是重要的培養目標，也與學生的未來生活息息相關。但如何評估數位能力仍需要有更多研究關注。為了理解數位能力的評估，學者（Sillat et al., 2021）系統性的回顧對於在高等教育中評估數位能力的研究。結果指出現階段研究者的研究目的大多是為了瞭解其所屬領域人員的數位能力，且評估數位能力的方式仍局限於使用自我評估工具（Muammar et al., 2023）。評估數位能力行為則消耗極高的時間和人力成本，使數位能力評估不易大規模的執行，因此需要有更多方法投入。對此，學者指出教育工作者能夠適應資訊和通信技術提供的機會，依據自身與學習者數位能力設計學習活動，利用最適合滿足學生需求的技術，確定他們自己需要發展技能的實踐領域（Alarcón et al., 2020）。我們可以從用於教學和學習的工具數量來評估課堂中所培訓或師生所具備的數位能力（Lucas et al., 2021）。例如：教師在課程中用於直接教學的練習軟體、科技輔助教學、用於和學生通訊的媒體（包含：電子郵件、視訊會議）、學習管理系統和平台，都是他們擁有一些數位能力的表現。

而大學課程的教學設計（課程大綱）提供有關課程內容的訊息、作業、以及他們將從課程中獲得什麼內容與能力（Johnson, 2006; Thompson, 2007）。如果學生修習一門使用或培養數位能力的課並得到學分，我們可以相信他某程度具備完成這門課程涉及到的內容與能力。分析課程中與數位能力有關的學習活動有助於理解課

程涉及那些數位能力的使用，作為一種評估能力培養的有效方法（Tomczyk et al., 2020）。因此，我們標記了研究所在的大學中所有的課程大綱，以識別每門課程提供何種與多少數位能力的培養。並透過校務資料庫取得學生學習過的課程與修習結果，藉此評估學生在畢業時可能具備的數位能力為何。一般認為，起薪是求職的競爭力最直接的指標（Keller, 2018; Kuo et al., 2021）。我們也從校務資料庫中的學生畢業流向追蹤問卷取得學生在大學畢業後投入職場的起薪。簡而言之，這個研究從校務資料庫中組成數位能力和首次就業起薪資料集來評估大學畢業生的數位能力與求職競爭力的關係。

參、研究方法

一、資料蒐集與前處理

下面將就本研究所使用的不同資料集與其資料前處理方式分別說明。

（一）課程數位能力標註

蒐集作者所在學校所有開設課程中英文課程資訊，包含中英文課名、課程編號、課程目標描述、課程綱要、每週授課內容等資訊共計7881門課程。隨後，基於DigComp架構標記課程所涉及的數位能力。標示案例如表1所示，NA表示課程資訊中沒有明顯對應到數位能力的描述。如果課程資訊中提到Information processing所描述的活動之一，此課程的數位能力培養（DCT）標示為Area1；描述了與Communication and collaboration有關的活動標示為Area2；同樣的描述了和Digital content creation、Safety和Problem solving有關的活動將分別標為Area3、Area4和Area5。課程綱要的標記由二位資訊系的大學生、二位具有資訊背景的碩士生進行標記。標記具有優良的一致性（Kappa=0.86）。最後，由一位具有資訊教育專長的教授進行審核並修正不一致的標記。表1呈現標示課程數位能力的例子。

表1　課程數位能力標記範例

數位能力領域｜課名	標記範例（僅部分內容）
NA｜遺傳學	將特定之現代遺傳學研究次領域做通盤性介紹，提供基本知識作為學生發展之基礎，重點為：傳播遺傳學、真核遺傳學、人口與演化遺傳學。
Area1｜高級寫作	本課程旨在培養學生撰寫一篇到幾段學術論文的能力，包括引言、正文和結論。使用流程寫作技巧，學生將學習利用圖書館／互聯網資源產生想法、概述、起草和修改。
Area2｜新媒體環境傳播專題	新傳播科技與媒體的發展…探討及思考所關心現象之源起與發展過程中，新媒體可能扮演的角色、功能及對閱聽人、使用者或參與者之作用與影響。…以多元主題研析現象的觀察與分析角度，並希望從文獻的研讀中瞭解新傳播科技與環境、社會的關係。
Area3｜數位內容與機器學習	本課程將會介紹目前在數位內容系統設計的原理與技術。上課的同學將在此豐富內涵的領域中得到非常實用的經驗和技術。課程的主題包含了數位內容資訊的形成和管理、多媒體的有效呈現與處理方式，以及圖形、音效和音樂、影像和視訊等資料的製作，配合多媒體的軟硬體系統，完成實作和整合；同時介紹人工智慧與機器學習在圖形識別、智慧醫療等的應用，探討電子商務實務上數位內容所扮演的關鍵角色。
Area4｜資訊社會衝擊	本課程討論資訊社會中常見的衝擊現象與行為，進一步探討決策的思維以及管理素養是否足以因應此一新世界，包括性別平等（婚姻平權）、假消息傳播、電玩、網路霸凌、匿名毀謗、專利戰爭、隱私侵犯、資訊安全等，不僅讓同學及早避免遁入混亂之局勢，避免觸犯相關之法律，並且培養具有撥亂反正之知識與決策能力，培養未來領導人需要的格局與宏觀解決問題能力。
Area5｜資訊系統基礎與實作	以智慧系統（自駕車）為主題，透過一系列問題導向（Problem-Based）之實驗課程設計帶領學生動手實作，以了解資訊工程主要知識主題之架構與各課程之內容，目標在協助同學建構資訊系統之整體知識框架與課程網絡，引導學生產生學習動機以及未來之修/選課之規劃。

（二）學生修課資料

由於學生修課資料散佈在學生基本資料、成績資料和課程名稱資料三個資料庫中，使用的資料庫邏輯不盡相同。我們透過ETL程序，包含資料的擷取（Extract）、轉換（Transform）和載入（Load）串接出學生修課資料集。考量最新收集的畢業流向追蹤問卷是來自109年畢業的學生，此研究的資料範圍設定在103學年度到109學年度畢業大學生。此外，在台灣大部分的大學生會四年畢業，為了減少誤差，我們排除就讀大學部五年以上、休學、輟學的資料。同時學分數為零和不及格的課程都都會被排除。

（三）問卷資料

學生的就業資料來自本國大專校院畢業生流向追蹤公版問卷，所有的資料在個資保護規範下經過資訊技術單位透過雜湊函式轉換，再與經相同函式轉換後之研究資料集進行串接。換言之，我們無法直接識別個人資訊。此研究收集自103學年度到109學年度的畢業後滿一年之問卷資料13260筆。來自大學畢業生4328筆。由於本研究希冀觀察數位能力對大學畢業起薪之影響。因此針對大學生問卷篩選畢業後一年內投入職場、有填薪資、格式正確的問卷資料，最終保留936筆。

（四）畢業起薪級距

畢業起薪級距以學生畢業第一年的受聘月薪來區分級距，藉此反應畢業生所獲得工作職位。原始問卷共有15個起薪級距，為減少參數誤差，我們先使用四分位距法（Q3-2*IQR）排除離群值，排除後樣本數為889筆。再依此人數分布將月薪級距分為八等份，分別是：

（A）第一等份為低於31,000元；

（B）第二等份為31,001元至34,000元；

（C）第三等份為34,001元至37,000元；
（D）第四等份為37,001元至40,000元；
（E）第五等份為40,001元至43,000元；
（F）第六等份為43,001元至46,000元；
（G）第七等份為46,001元至52,000元；
（H）第八等份為52,001元至80,000元。

二、叢集分析

我們使用叢集分析（Clustering analysis）來揭示關於數位能力與起薪的隱藏結構或關聯。叢集分析是一種無監督機器學習技術，用於發現數據元素之間的共通性並找到特徵不同的「集群」。由於同群組中的項目通常具有彼此相似的特徵而不同群組的特徵則有所區別（Talabis et al., 2014）。透過叢集分析有助於我們理解不同薪資級距與其修習課程累積數位能力領域的特徵。為了達到群組內同質與群組間異質最大化來更好地識別數位能力與就業薪資的關聯，以組內同質性最大為目標，我們使用Elbow method來決定最佳的群組數量，5群是最佳的選擇。因此我們使用k-means演算法將資料集分群，且將k設定為5。此外，無母數檢定（Kruskal-Wallis）將被用來確認各群之間差異是否在統計上也達到顯著水準。

肆、結果與討論

一、起薪級距與整體修課數

此研究依最佳群數分為5群，叢集分析結果表明，C2與C5主要由起薪級距B（31K-34K）的畢業生構成，是相對低的起薪族群。C1起薪落在級距F（43K-46k），C4起薪則落在級距G（46K-52K），高於一般大學畢業生起薪。C3起薪落在級距H（52K-80K），是所有叢集中起薪最高的。從圖1顯示修課數量與起薪散佈圖。我們可以發現C2與C5的修課量雖然有明顯差異，但二者起薪級距相同。同樣的，C1與C4的修課量也有明顯差異，但二者起薪級距相近。有趣的是，C3是起薪級距最高的，但是修課數量接近整體平均。換句話說修課數量很可能沒有和起薪直接相關。

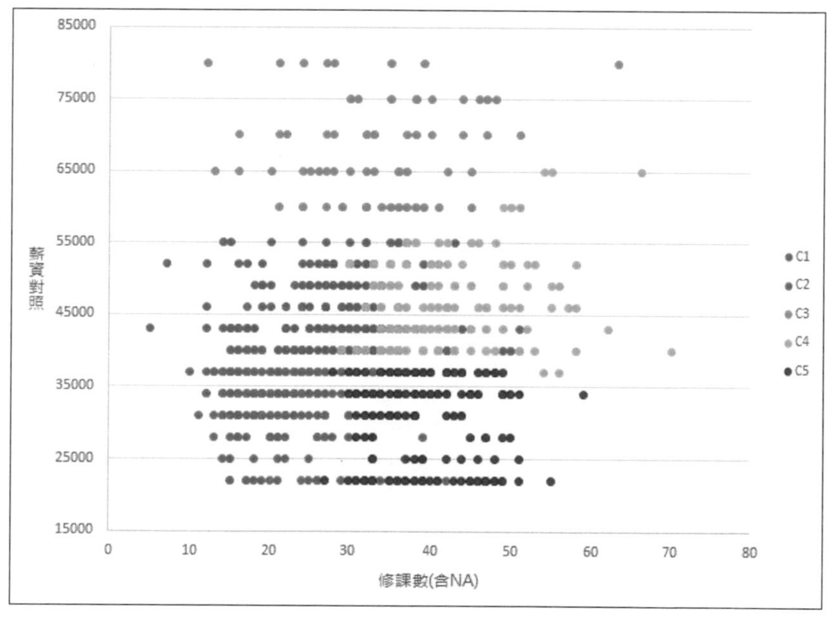

圖1　各叢集修課數與起薪級距分布圖

二、起薪級距與修習數位能力課程數

我們進一步將學生修習過課程所涵蓋（標記）的數位能力領

域以及起薪級距作為特徵，進行叢集分析。結果（表2）顯示C1、C3、C4是起薪級距較高且在平均值之上的三群，而C2、C5群學生起薪級距相同，雖在平均值之下，仍符合本國勞動部統計之大學初任人員薪資34,450元。此外，Kruskal-Wallis的結果（表3）顯示，除了數位能力Area2修課數外，叢集之間各不同領域數位能力的課程修課數與起薪級距皆具有統計顯著差異。叢集起薪級距排序為C2＝C5＜C1＜C4＜C3。這個結果支持修習涉及數位能力課程數與起薪級距存在一些關聯，值得進一步討論。

（一）首先，薪資最高的是第三群（C3）的學生。C3學生修習非數位能力相關課程（NA）的數量與整體平均相近。但所修習的課程涵蓋各領域數位能力數量幾乎大於或等於平均值。同時Area3課程修課數是所有群中次多的。換句話說，C3學生除了完成原本的專業科目下，也接觸多元種類的數位能力相關課程。他們可能是使用或接受培養的數位能力所有群中最全面的，特別是Area3的能力。而這為他們成為畢業生中起薪級距最高的一群。

（二）再者，我們發現起薪級距最低的第二群（C2）和第五群（C5）的一個共同之處。他們的數位能力Area3修課數不僅明顯低於其它群，也低於整體平均值。此外，C2修習非數位能力相關課程（NA）的數量是所有群中最少的。而C5修習非數位能力相關課程（NA）的數量是所有群中次高的，二者修課數的差距接近2.2倍。這呼應了前面的結果，修課數量與起薪沒有直接的關聯。數位內容創建的能力卻可能與他們的起薪有關，也就是最少的數位能力伴隨最低的起薪級距。

（三）第一群（C1）與第四群（C4）的起薪級距高於平均值，甚至高於本國109年每人每月經常性平均薪資42,498元。我們發現這二群學生修習數位能力Area3課程的數量是各群中最多及第三多的。有趣的是C1與C4修習非數位能力相關課程的數目是五群中分別是次少的與最多的，二者數量差了一倍。這似乎也反應了，修課數量可能不會直接與起薪相關，反而修習數位能力Area3課程的數量可能與起薪更有關係。事實上，我們可以看到低Area3課程的數量伴隨低起薪級距（C2, C5），而高Area3課程的數量伴隨高起薪級距（C1, C4）。這突顯了擁有數位內容創建能力（Area3）將為學生帶來更多的求職優勢。僅管如此，我們發現C4起薪又略高於C1學生3K。但C4的修課數量是C1的2倍。也許修課數不是完全與起薪無關，但即使有關也僅有極小的關聯。值得注意的是，C1修習Area4與Area5課程數幾乎是C4的3到4倍，但C4的學生獲得更高的起薪。一個可能的原因是，Safety和Problem solving能力不易立即展現，但C4叢集的學生修習了更多的NA課程讓他們培養了更多求職需要的背景與優勢。

表2　叢集分析結果

	整體平均	C1 (n=225)	C2 (n=268)	C3 (n=68)	C4 (n=144)	C5 (n=184)
AreaNA	21.81	16.93	13.72	21.47	33.31	30.67
Area1	1.26	0.92	1.08	1.10	1.64	1.73
Area2	3.23	3.24	3.35	3.01	3.07	3.24
Area3	4.43	6.19	3.29	5.97	4.62	3.21
Area4	0.55	0.96	0.52	0.85	0.22	0.23
Area5	0.29	0.51	0.27	0.50	0.14	0.10
薪資級距	E	F	B	H	G	B
薪資平均(K)	40.44	44.83	32.79	68.24	46.58	31.11

表3　群組間各領域數位能力修習課程數的無母數檢定（Kruskal-Wallis）結果

	Cluster					Kruskal-Wallis test	
	C1 n = 225	C2 n = 268	C3 n = 68	C4 n = 144	C5 n = 184		
DC	Mean rank	Mean rank	Mean rank	Mean rank	Mean rank	Chi-squarevalue	***p*-value**
AreaNA	324.7	220.1	439.5	739.3	691.4	614.36	< 0.05
Area1	375.0	420.3	412.0	503.5	532.8	53.37	< 0.05
Area2	445.3	460.0	420.2	421.6	450.3	2.88	0.577
Area3	556.0	360.2	555.6	476.5	367.2	104.09	< 0.05
Area4	565.6	425.3	542.1	354.4	361.2	131.08	< 0.05
Area5	505.1	433.4	532.8	404.4	387.7	69.33	< 0.05
Salary	620.7	243.0	854.0	653.9	209.7	701.51	< 0.05

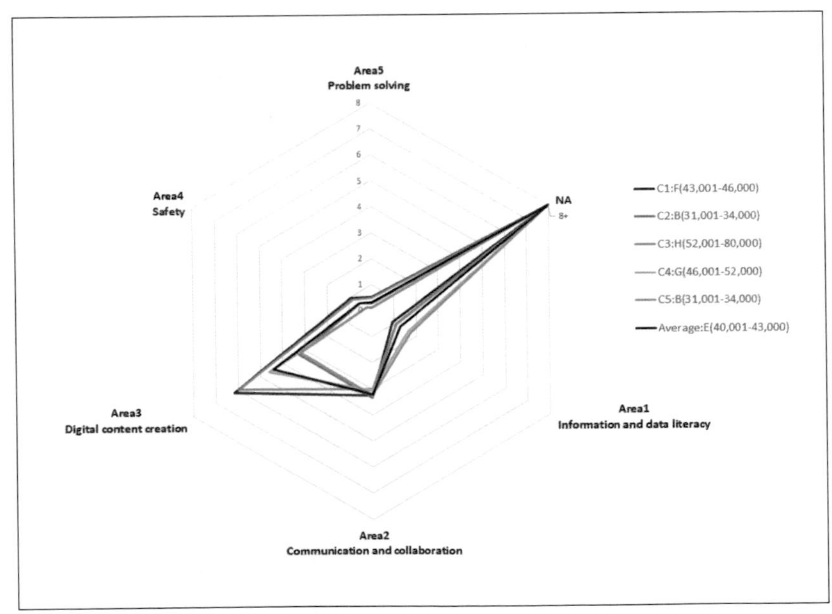

圖3　各叢集與整體數位能力相關課程修習數量比較

三、綜合討論

我們進一步鳥瞰五個叢集的學生修習涉及各領域數位能力課程的數量的分佈（圖3）以進行綜合討論。我們可以看到，各群Area1修課數雖然有一些差距但沒有直接反應在起薪，例如最高起薪的C3群Area1修課數少於平均，Area1修課數多於平均的族群包含了次高起薪的C4群和最低起薪的C5群。Area2修課數則是各組接近。各群在Area3修課數量則明顯區分了為三個層級。分別是高於平均值，與平均值相似、以及低於平均值，這三個層級彼此的差距比其它領域都來的大。而它分別伴隨著高起薪、略高起薪、以及低起薪。換句話說，修習涉及數位內容創建（Area3）能力的課程數是影響起薪級距高低的一個關鍵。修習愈多和數位能力Area3有關的課程將獲得愈高的起薪，反之則反。我們也可以看到，同樣修習Area3課程最多的二群學生，也是修習Area4與Area5最多的二群學生，而他們是正是起薪最高與略高的二群學生（C1, C3）。這些結果支持，修習愈多涉及各個數位能力領域的課程愈能讓學生獲得更高的起薪，這提供了證據支持數位能力將是求職優勢的趨勢。綜而言之，這個研究驗證了與數位能力與求職競爭力的潛在關係。特別是，當修習的課程均衡的涉及所有領域的數位能力，同時Area3修課高於平均值將成為畢業起薪級距最高的一群學生。

我們也注意到一些值得進一步討論的現象。例如，起薪次高的一群（C4）在Area3、Area4、Area5修課數皆少於C1，起薪卻略高於他們。一個可能的原因是，這群學生修習其它課程（NA）的數量是最多的一群，他們所投入的職業更著重領域的專業，而這些專業由他們修習的其它課程提供。因此，數位能力並不是他們求職的最大優勢。此外，所有叢集的Area2修課數幾乎沒有差距，這可能反應了大學在這方面的培養最為平均。或是大學使用各種資訊平台和數位工具（例如：校園討論、學習管理系統）已行之有年，因此有一定數目的課程自然地使用了數位工具溝通和合作，成為一種基本技能。

無論如何，我們的結果支持了，學生在學期間的修課數量和畢業起薪沒有明顯的關聯。修習的課程是否涉及數位能力的培養可能才是他們具備求職優勢的關鍵。我們相信，各領域的專業課程不一定涉及數位能力的使用，但具備數位能力成為大學畢業生就業競爭力的關鍵指標之一。因為這直接反應在他們的起薪級距上。這不僅呼應了人才培育白皮書同時將「資訊力」和「就業力」列為未來人才應具備的關鍵能力的目標。也突顯了大學培養學生數位能力的重要性。當前，除了歐盟表達對數位能力的重視，聯合國永續發展目標中消除貧窮（SDG 1）、優良教育（SDG 4）、性別平權（SDG 5）、良好工作及經濟成長（SDG 8）、及消弭不平等（SDG 10）等項目也涉及數位能力的培養。這些研究提供了證據，讓我們有機會思考在數位化時代如何規劃並培養學生的數位能力。

伍、結論

本研究基於DigComp框架並使用校務資料來分析大學畢業生的數位能力和求職競爭力。前者是透過分析學生修課內容涉及了多少與各數位能力領域有關的課程，後者則以起薪級距做為指標。結果表明大學生在學時的修課數量與起薪沒有直接關聯，但修習的課程是否涉及數位能力將反應在他們的起薪級距上。具體而言，當學生修習課程愈全面涵蓋所有數位能力領域，也將伴隨愈高的起薪，甚至更高於全國每人每月經常性平均薪資。其中，數位內容創建能力（Area 3）是關鍵指標。透過同一所大學過去七年畢業生資料提供的證據，我們的二個研究問題有了明確的答案。關於RQ1，目前大學期間修習課程的數量和起薪的關係還沒有被明確的發現。關於

RQ2，修習涵蓋數位能力課程的數量則與畢業起薪級距存在一定程度的關聯，特別是數位內容創建的能力。

綜上述所論，這個研究帶來實證、方法、與應用三方面的貢獻。首先，在實證面，這個研究提供進一步的證據支持數位能力與就業起薪的重要性。這個結果也呼應了諸多研究與報導強調ICT能力是畢業求職之關鍵競爭力的觀點。關於方法面，過去經常以問卷或是人工的方式審閱學生數位能力、軟實力、或就業競爭力，需要花費許多時間精力。這個研究使用人工智慧技術自動分析學生的數位能力，提供一種高效率且自動化的寧靜分析，為評估大學對學生的培訓與效益提供一個參考。對於教育決策者而言，這可製作為大學能力養成儀表板來即時了解大學機構提供多少課程來符合特定能力的培養，進而評估微學分課程設計甚至課程發展。例如，提供數位內容創建、資訊安全、以及數位問題解決能力的培養，來協助學生提升就業競爭力，我們也可以藉由課程大綱分析歸納關鍵的學習活動為何、以及評估學校需不需要調整或擴展相關的學習內容。在應用面，我們注意到當前還沒有專門針對國內進行數位能力評估的框架，這個研究的結果支持被歐盟與多數國家使用的DigComp框架也同樣適用於台灣，我們有機會可以基於此框架發展更切合國內學生與國民的數位能力指標。

陸、研究限制與未來工作

儘管此研究為理解大學機構如何為學生準備數位世代的技能做出貢獻，仍有一些限制需要被題及與突破。首先，此研究在研究型大學進行，結果不一定能擴展到所有類型的大學。其次，此研究的數位能力分析是基於教師的教學設計和課程大綱進行，目前我們還無法提供更多的證據來說明教師如何實踐他們的教學設計，未來需要有更多研究投入。此外，不同行業領域可能有不同的起薪差距與專業能力，未來我們將考量不同的職業類別以進一步探討數位能力與就業發展的關係，並且作為大學機構為學生準備數位世代的技能培訓的參考。

致謝

本研究感謝國立陽明交通大學校務大數據研究中心提供資料與對本研究的支持。

參考文獻

Ananiadou, K., & Claro, M. (2009). 21St century skills and competences for new millennium learners in OECD countries. OECD education working papers, no. 41. *OECD Publishing (NJ1)*.

Cabezas-González, M., Casillas-Martín, S., & García-Peñalvo, F. J. (2021). The Digital Competence of Pre-Service Educators: The Influence of Personal Variables. *Sustainability, 13*(4), 2318.

https://doi.org/10.3390/su13042318

Elena, S., & Nikolay, S. (2019). Methods of estimation of digital competences of industrial enterprises employees by means of neural network modelling. *Methods, 40*(27), 5.

Ferrari, A. (2013). DIGCOMP: A Framework for developing and understanding digital competence in Europe. Publications Office of the European Union Luxembourg.

Gilster, P., & Glister, P. (1997). Digital literacy (p.1). Wiley Computer Pub., New York.

Goodfellow, R., & Lea, M. R. (2013). Literacy in the digital university. Taylor & Francis.

He, Z., Chen, X., & Guo, S. (2023). Digital competence and its components in basic education. *Interactive Learning Environments*, 1-12.

HM TREASURY (1997). Treasury Press Release 122/97, 13th October: Gordon Brown unveilsUK Employment Action Plan. London: HM Treasury.

Kee, D. M. H., Anwar, A., Shern, L. Y., & Gwee, S. L. (2023). Course quality and perceived employability of Malaysian youth: The mediating role of course effectiveness and satisfaction. *Education and Information Technologies, 1-18.* https://doi.org/10.1007/s10639-023-11737-1

Law, N., Woo, D., & Wong, G. (2018). A global framework of reference on digital literacy skills for indicator 4.4.2. UNESCO Institute for Statistics.

Lucas, M., Bem-haja, P., Santos, S., Figueiredo, H., Ferreira Dias, M., & Amorim, M. (2022). Digital proficiency: Sorting real gaps from myths among higher education students. British Journal of Educational Technology. https://doi.org/10.1111/bjet.13220

Maderick, J. A., Zhang, S., Hartley, K., & Marchand, G. (2016). Preservice teachers and self-assessing digital competence. *Journal of Educational Computing Research, 54*(3), 326-351.

Mahajan, R., Gupta, P., & Misra, R. (2022). Employability skills framework: a tripartite approach. *Education+ Training, 64(3),* 360-379.

McGowan, B., Gonzalez, M., & Stanny, C. J. (2016). What do undergraduate course syllabi say about information literacy? Portal: Libraries and the Academy, 16(3), 599–617. https://doi.org/10.1353/pla.2016.0040

Morgan, J. (2014). The future of work: Attract new talent, build better leaders, and create a competitive organization. WILEY.

Olszewski, B., & Crompton, H. (2020). Educational technology conditions to support the development of digital age skills. Computers & Education, 150, 103849. https://doi.org/10.1016/j.compedu.2020.103849

Pirzada, K., & Khan, F. (2013). Measuring Relationship between Digital Skills and Employability. *European Journal of Business and Management 5(24),124-133.*

Portillo, J., Garay, U., Tejada, E., & Bilbao, N. (2020). Self-perception of the digital competence of educators during the COVID-19 pandemic: A cross-analysis of different educational stages. *Sustainability, 12*(23), 10128. https://doi.org/10.3390/su122310128

Prado, S. A., Rodríguez-Ruiz, B., & García-Sampedro, M. (2021). Working women and digital competence in the spanish labor context. *IEEE Revista Iberoamericana De Tecnologías Del Aprendizaje, 16*(1), 61-69. https://doi.org/10.1109/RITA.2021.3052493

Saltos-Rivas, R., Novoa-Hernández, P., & Serrano Rodriguez, R. (2022). How reliable and valid are the evaluations of digital competence in higher education: A systematic mapping study. *Sage Open, 12*(1), 21582440211068492.

Siddoo, V., Sawattawee, J., Janchai, W., & Thinnukool, O. (2019). An exploratory study of digital workforce competency in Thailand. *Heliyon, 5(5)*, e01723.
https://doi.org/10.1016/j.heliyon.2019.e01723

Stanny, C., Gonzalez, M., & McGowan, B. (2015). Assessing the culture of teaching and learning through a syllabus review. *Assessment & Evaluation in Higher Education, 40*(7), 898–913. https://doi.org/10.1080/02602938.2014.956684
https://doi.org/10.1080/03634520601011575

Trivedi, S., & Patel, N. (2020). Clustering Students Based on Virtual Learning Engagement, Digital Skills, and E-learning Infrastructure: Applications of K-means, DBSCAN, Hierarchical, and Affinity Propagation Clustering. *Sage Science Review of Educational Technology*, 3(1), 1-13.

Levano-Francia, L., Sanchez, S., Guillén-Aparicio, P., Tello-Cabello, S., Herrera-Paico, N., Collantes-Inga, Z. (2019). Digital Competences and Education. *Journal of Educational Psychology - Propositosy Representaciones*, 7(2), 569-588. http://doi.org/10.20511/pyr2019.v7n2.329

疫情下線上教學之學習態度與傾向調查

實踐大學國際經營與貿易學系
陳朝斌

實踐大學研究發展處
羅譽鑫

壹、緒論

自世界衛生組織（World Health Organization, WHO）於2020年宣布新型冠狀病毒（COVID-19）為世界重大緊急公衛事件以來，聯合國教育、科學及文化組織估計因疫情導致學校停課已經影響全球近138個國家、80%學生人口（約13億兒童和青年）（UNESCO, 2020）。COVID-19係一種新興傳染性的病原體，其病毒特性傳播快、傳染力強，所造成人群染疫規模廣，無論是輕、中、重症狀甚或無症狀感染，均具有傳染力（張金堅等人，2020）。各國為控管此次公衛危機，需根除斷絕病毒傳播鏈，以減緩傳播速度，減少大規模的流行，不得不採取嚴格防疫管制，包括封鎖城市、關閉邊境、社群隔離、限制行動和聚會等監控強制措施，期望將醫療體系壓力降到最低。

COVID-19疫情對教育所造成的嚴重負面影響，其停課規模之大、速度之快，範圍遍及全球，為前所未見（Özer, 2020）。同時各國教育機構，於這波嚴格防疫期間，均面臨到空前的挑戰，而為了減少學生流動，亦不得不暫停實體面授教學，改以線上遠距教學方式，透過網路平台（如Google Meet、Microsoft Teams等）使學生能在網際網路延續課程的學習（Liguori & Winkler, 2020），將所受到衝擊降至最低，確保其受教權益。同樣的，臺灣在2021年5月開始受到COVID-19本土疫情爆發影響，各大學校院於防疫警戒期間停止面授課程，採行線上遠距教學模式，讓學生在遠端操作網路平台，期間轉化為主動學習者的角色，期許學習不中斷，落實「停課不停學」的目標。

各大學校院陸續在按防疫管理指引下，於2021年10月起已多數全面恢復實體面授課程，這是國內首次因疫情影響下，長時間採線上教學作為替代方案，在這段橫跨二學期期間，無疑是徹底翻轉教育現場，授課老師在教學面不但必須做快速的因應轉換，並相對考驗著學生在改變學習型態後的接受度，實有其研究價值。

本研究以S校為例，探討於本波疫情下線上課程學習態度和學習傾向之樣態，並根據班級排名百分比探究兩者間差異，希冀對日後之課程架構發展提供具體可行的建議。綜合上述，本研究目的如下：

（一）瞭解學生各項學習構面及其關連影響。

（二）探究不同學生成績族群於線上與遠距學習情形之差異性。

（三）探討不同學生背景變項（包括性別、學制、學院、年級、戶籍地區）在線上與遠距課程中學習之差異。

貳、文獻探討

一、線上與遠距教學類型

線上與遠距教學的興起，為現代高等教育帶來了革命性的變化（Raes, Vanneste, Pieters, Windey, Van Den Noortgate, & Depaepe,

2020），特別在後疫情時代，許多教學便逐步將線上與遠距融入課程設計一環，或搭配實體授課的混成式教學；若以時間與空間做為區別條件，可分為同步線上與遠距教學（synchronous distance learning）和非同步線上與遠距教學（asynchronous distance learning）兩種類型。

所謂同步線上與遠距教學乃指老師和學生可以分隔兩地，不用在同一地點進行上課，授課方式是老師經由網際網路和線上通訊軟體（如Google Meet、Microsoft Teams、Line等）即時傳送課程資料和課程內容，學生則可以在遠端接收；老師可透過視訊通訊功能將教學影像、聲音即時呈現，同時和學生做雙向互動式溝通，當學生對於課程內容有所疑惑時，可即時向教師詢問（Hastie, Hung, Chen & Kinshuk, 2010；楊奕農、柴蕙質，2002）。同步線上與遠距教學對於學習數位環境要求條件較高，且是需雙方協調同一時間點進行教與學，假若出現網絡連線問題時，便會造成課程進度落後或中斷；相較於實體課堂，授課教師較無法確實掌握學生的學習情緒和狀況，因此，同步線上與遠距教學會使教師承受較大的授課壓力（葉定國、田光祐，2021）。

非同步線上與遠距教學是指老師和學生不需在同一時間或地點進行課程活動，完全打破時空條件的限制，主要運用如電子郵件、社群軟體、數位學習平台等工具（Luo & Cheng, 2017）。以網際網路進行的非同步教學，學習者可以選擇自己合適的學習時段和地點，規劃自己的學習進度做課程學習，針對自主學習能力佳的學生，有著高度的學習彈性（汪書宇，2021），其成效不比傳統課堂教學差。但此教學方式缺點在於師生、同儕互動效果不佳，教師無法有效監督學生是否有認真學習，也無法即時針對有疑問的課程內容做細部說明，較難以掌握學習成效（葉建宏、葉貞妮，2020）。過程中教師需觀察學生在學習上所遇到的問題，並建構合適的教學策略提升同儕間互動，有較佳的師生互動關係較能將非同步教學之效益擴大（張世忠，2003）。

除了同步和非同步兩種類型外，混合式教學（hybrid learning）是另一種結合數位學習與實體課堂學習的教學模式，有著非同步學習的時間選擇彈性，也兼顧著同步學習讓學生即時討論互動，涵蓋兩者教學類型的優點，Bender（2012）認為此模式是學習最佳的方式。學者Weldy（2018）曾針對線上課程、實體教室上課及混成學習三種教學模式對大學生學習方式偏好做比較，研究結果顯示：雖然受測者肯定線上學習的便利性，但受測者仍較喜歡且偏愛實體上課之方式，原因是受測者會對於課程內容品質做考量。

二、線上與遠距教學的互動模式

隨著科技日新月異和網路普及，加上受疫情之影響，教育發生場域已由過去的傳統校園延伸擴展到任何場域，可以在任何時間且不受空間侷限下學習，完成過往難以解決的困境。Zahwa, Saptono & Dewi（2020）研究指出目前已有許多學校建立e-learning學習系統，提供師生完整線上虛擬的學習環境，並能有效管理學生學習資料、課程教材數位化、互動討論區等功能，線上與遠距教學的學習環境使我們進入全新的學習紀元（Brown, 2015）。

根據Bijeesh（2017）研究表示，學生只要可以連上網際網路的地方都可從事遠距的學習，不但不需要離開所在地，更沒有通勤上的問題，除了可突破時間和空間限制的優點外，搭配電腦網絡資源的輔助，會使學習變為更寬廣及多元，透過通訊系統即時連線提供指導也可使學生獲得更好的學習成效（陳孟莛、何淑賢、吳欣治、姜忠信，2020）。雖然線上與遠距教學有著其優點，但相對的仍有先天上的限制，如師生對電腦軟硬體功能熟悉度、網路頻寬連線穩定度、教師準備教學設計技巧和備課負荷等，同時學生不容易針對作業、學習問題做團體交流，比起學生與老師面對面討論或進行實作協同學習的過程，線上與遠距教學較缺乏互動性（謝璨宇，2020）。Zhang, Wang, Yang, & Wang （2020）特別點出學生在家學習較容易分心，而且也並非所有家庭有合適的空間或軟硬體設備供學習者做心無旁騖的學習，此外，線上與遠距教學可能存在著弱勢偏鄉學生資源相對匱乏的問題，若軟硬體條件不足，線上與遠距教學往往會是弊大於利。

對比實體教學，線上與遠距教學主要係採用視訊平台做為課程教學工具，目前整體相關的功能成熟度都非常高，若善加利用，可即時與學生進行雙向互動，進而快速掌握學習狀況，瞭解課程的需求，利於將學習進度做滾動式調整修正；相對的，學生只要攜帶筆記型電腦、平板電腦或手機等，透過視訊數位平台，在異地即能與授課教師進行學習雙向溝通，達到無所不在的行動學習。Aristovnik, Keržič, Ravšelj, Tomaževič, & Umek（2020）於疫情期間研究顯示，超過半數比例的實體課程會由同步視訊所取代，而學生接受以同步視訊授課方式是多種線上課程教學中滿意度最高，可說COVID-19疫情提升了教學方式，改變了教學模組，線上與遠距教學不但重新賦予課程新的教學設計，無形中灌溉了也提升了教與學的資訊科技素養。

三、線上與遠距教學的學習

遠距學習利用數位工具，結合網路與資訊科技，搭配周邊相關軟硬體設備產品，引領新的學習型態。教師於備課時可建立一套自我數位教學系統，分享教學資源整合於課程活動，且若運用得宜，能在課程教學面帶來許多助益，學生也可以利用數位科技與教師互動學習，共同提升課程教學與學習成效（謝傳崇、陳詩喬、謝宜君，2017）。

部分文獻指出，線上與遠距教學可以有效協助學生學習，Joosten, Cusatis & Harness（2018）研究提出，學習者可依照自我偏好選擇學習環境，也可以按自己的學習吸收狀況調整課程進度內容，同時透過線上反覆學習，強化對課程熟稔度，對於自制力高的學習者在學業成績表現上有很大幫助。Bączek, Zagańczyk-Bączek, Szpringer, Jaroszyński & Wożakowska-Kapłon（2021）對一所位於波蘭大學醫學院學生於COVID-19疫情期間，進行8週線上課程學習的看法，共計有804名學生參與這項問卷的填答；研究結果顯示，線上學習對於醫科學生可以有效的做知識內容傳遞且普遍接受度為高，是一種有價值的教學方法，也是在疫情期間少數可行的教學方式。Trisanti, Alsolami, Kusumawati & Primandaru（2021）抽樣印尼日惹市243名大學生，探討疫情期間影響線上學習滿意度的決定因素。研究結果表示，線上學習的認知和情感參與對學習滿意度有顯著的正向影響，學生也可依據授課教師提供的教學素材，做有效率分配學習。綜合上述研究，線上與遠距學習在學習成效有著正向的回饋，學習者反饋教學評價多給予正向，對學習內容掌握度也較高。

另有些文獻研究則有不同的觀察結論，認為線上與遠距教學其實對學生學習是存在著負面影響。Xiong, Mok, & Jiang（2020）針對香港八所公立大學學生在疫情期間進行線上課程的學習滿意調查。統計結果表示，在90%採取直播方式進行的課程中，有27%學生對疫情期間線上學習的體驗感到滿意，但超過六成的學生覺得線上課程的學習成效不如面授課程，同時約半數的學生認為線上課程，減少了學習時間和效率，且還增加了他們的學習壓力。Xu & Jaggars（2013）比對美國某社區大學線上與實體課程的學生資料，所得出的結果：線上課程的續讀率為91%，實體課程的續讀率則為94%；此外，研究也得出完成課程修習的學生中，線上課程的學生平均成績是2.54（4分等第制），實體課程的學生成績平均是2.68，研究人員表示，在擴大開設線上課程之前，校方需先加強學生的時間管理和自主學習能力。此外，線上教學與翻轉教室相結合可提高學生的課程學習、注意力和學習成效，會比起單純的線上教學學習效率更高。

自COVID-19疫情爆發以來，各大學校院均已將線上與遠距教學作為緊急情況下的一種教學替代方案，由上述文獻可知，採用線上與遠距教學模式對學生學習表現有著不同程度的正面或負面影響。本研究以S校為例，嘗試探討線上與遠距教學各構面在不同學生族群中是否存在學習之差異性。

參、研究設計與實施

一、研究對象與抽樣

本研究於2021年10月25日至2021年11月9日期間，針對S校大學部（含日間學制、進修學制）全體學生進行抽樣調查，研究者設立Google表單編製，請研究對象於所建立的表單網址中填答。問卷以多元管道方式進行隨機發放，透過學校首頁公告問卷連結網址、發送電子郵件至學生個人專屬mail信箱、委請各系秘書協助轉發該系學生填寫、委請各班導師協助轉發該班學生填寫，同時問卷處明白表示調查動機及目的。為了避免有重複填答的情況而造成無效問卷，於問卷設定上使其不能重複填答，經汰除無效問卷後，共回收1,590份有效填答問卷樣本，遂進行資料整理與統計分析。

樣本背景資料中，性別部分男性學生329人（20.7%），女性學生1,261位（79.3%）；就讀學制部分，日間學制1,415人（89.0%），進修學制175人（11.0%）；學院部分，民生學院429人（27.0%），設計學院145人（9.1%），管理學院557人（35.0%），商學與資訊學院274人（17.2%），文化與創意學院185人（11.6%）；年級部分，一年級447人（28.1%），二年級465人（29.2%），三年級357人（22.5%），四年級321人（20.2%）；戶籍地部分，北部地區992人（62.4%），中部地區202人（12.7%），南部地區307人（19.3%），東部地區29人（1.8%），其他（含福建省、境外地區）60人（3.8%）。

二、研究工具

本研究使用調查工具為改編問卷，經過預試施測、項目分析、因素分析及信度分析等過程後檢視是否存在不合適之題目，經學者專家修正後，製成正式問卷內容，進行發放。

（一）問卷編製

本問卷量表依相關文獻探討及審視疫情下S校線上課程實際現況，參照陳昭珍、徐芝君、洪嘉馡、胡衍南（2021）的「COVID-19下臺師大的遠距教學經驗與省思」和羅方吟、陳政煥（2021）「COVID-19疫情下同步與非同步資訊科技輔助的大學遠距英語文教學」之研究，編製本問卷內容。

問卷內容共分為三個部分，第一部分為基本資訊與遠距教學使用概況；第二部分為線上與遠距教學學習態度；第三部分為線上與遠距教學學習傾向度。問卷評分方式採李克特量表五點式計分法，選項從「非常同意」至「非常不同意」，分別給予5分、4分、3分、2分、1分，由填答者擇一勾選，沒有反向題，分數同意程度愈高，表示其對題項認同度愈高。

（二）建構專家效度及預試施測

為使本研究問卷量表有好的效度及適切性，委請專家學者就問卷題目內容文字用語、語句敘述表達是否清晰，進行協助審定，並對題型構面編排做逐一檢視；研究者在彙整意見後，將不適宜之部份予以修正，進而完成預試問卷。

（三）因素分析（factor analysis）

本研究以探索性因素分析作為本問卷量表之建構效度，以主成份分析抽取因素，並以最大變異法進行直交轉軸，保留因素負荷量大於 .40以上（Hair, Black, Babin, Anderson & Tatham, 2006）及特徵值大於1（Kaiser, 1958），作為刪除不適合題項的取捨標準，Kaiser（1974）認為KMO值愈大，表示變項間相關愈適合使用因素分析。

1. 線上與遠距教學學習態度

各構面題數總共9題，經因素分析其KMO值為 .860，球形檢定達顯著水準，適合進行因素分析，本項共萃取2個因素。因素一計有4題，特徵值為3.382，構面命名為「遠距教學易用性」，因素二含有5題，特徵值為2.683，構面命名為「遠距教學多元互動性」，累積總解釋變異量為59.370%。

2. 線上與遠距教學學習傾向度

各構面題數共有8題，經因素分析其KMO值為 .923，球形檢定亦達顯著水準，共萃取2個因素。因素一計有4題，特徵值為3.571，構面因素命名為「學習成就感」，因素二含有4題，特徵值為3.099，構面命名為「是否支持學校實施線上與遠距教學」，累積總解釋變異量為76.641%。

（四）信度分析（reliability analysis）

本研究預試問卷以Cronbach's α 係數做為量測，衡量問卷內容的一致性與可靠性，係數值愈高，表示其信度愈好。吳明隆（2011）認為最低內部信度係數值在.70以上即具有可接受水準，全份總量表係數值若有在.80以上，則有較高的信度。結果得知問卷總量表的Cronbach's α 係數為 .956，另外各構面的 α 係數分別為 .833、.879、.959、.897，顯示本問卷具有良好信度且值得信賴，本研究調查發出預試問卷109份，回收有效問卷88份，計有效問卷回收率為81%。

三、資料分析方法

本研究透過次數分配、百分比、平均數等描述性統計分析瞭解抽樣學生的遠距教學使用和學習概況，並以不同背景屬性為自變項，線上與遠距教學學習態度、線上與遠距教學學習傾向度為依變項，採獨立樣本t檢定與單因子變異數分析（One-Way ANOVA），瞭解是否有顯著差異情形；若後者分析之F檢定值達顯著水準（$p < .05$），便進一步使用雪費法（Scheffe method）進行事後比較，瞭解各構面得分間的差異情形。

本研究另以班級排名百分比將學生分群，藉Levene檢定判定各構面分群之變異數是否具有同質性；若具有同質性，則進一步使用變異數分析檢定，若達顯著水準，表示分群平均數有著差異性，再以Scheffe法事後比較，瞭解其差異存在。

肆、研究結果分析與討論

一、COVID-19下線上與遠距教學使用概況

本項研究以複選題進行分析，瞭解受訪學生於疫情期間「實施線上與遠距教學期間，上網連線的地點」、「線上與遠距教學課程期間所使用的載具」與「線上與遠距教學使用的教學平台」之教學使用概況，其情形說明如下：

（一）實施線上與遠距教學期間，上網連線的地點

本次研究受訪學生實施線上與遠距教學期間上網連線的地點，以在「家裡」比例為最高，計88.6%，其次為「租屋處」計17.6%，「學校宿舍」計12.6%，「其他地點」計2.4%，「圖書館」為1.1%，

由此結果得知，疫情期間學生多在家裡作為線上與遠距課程的學習空間。

（二）線上與遠距教學課程期間所使用的載具

學生線上與遠距教學課程期間所使用的載具，以「筆記型電腦」最多，占比85.0%，其次依序使用「行動電話」、「平板電腦」與「桌上型電腦」等載具，分別占53.6%、14.9%與13.4%，由數據結果解釋，筆記型電腦仍為本調查中線上與遠距教學使用的主流載具。

（三）線上與遠距教學使用的教學平台

線上與遠距教學使用的教學平台，以「Google Meet」最高，比例占98.9%，其次依序採用「Microsoft Teams」比例58.4%、「Line」比例30.3%、「Youtube」13.0%、「Zoom」比例10.4%，其餘「Cisco Webex」、「Skype」等其他教學平台使用率比例不到10%，顯示Google meet係為本次調查中使用最多的平台。

二、線上與遠距教學各項學習構面

（一）學習態度

學習態度構面量測分數3.74分，其項下包含了遠距教學易用性、多元互動性2個構面，其得分各別為3.85分、3.64分。經再分析二者構面之差異，得知易用性顯著高於多元互動性（$t = 13.79, p < .001$），此結果呈現學生認為線上與遠距教學的簡單實用性，可完成學習所需事項並做課業複習更大於師生間互動、課程的討論、不受時空限制的參與等。

進一步瞭解易用性構面，4個題項分數介於3.63~4.01，其中「教學平台功能容易操作使用」及「課程的錄影影音檔，有利於日後做課業複習」2個題項分數（4.01）為高，較具有高滿意水準；在多元互動性構面，此部分共有5個題項設計，分數介在3.16~4.24，以「課程不受時空限制，參與容易」此題項分數為高，達到4.24分，而「透過課程聊天室的文字、表情，師生或同儕互動比實體課程多元豐富」（3.16）則是本構面題項中分數較為低者。

根據本調查的結果顯示，線上與遠距教學具備突破時空限制的優點，並增加了持續學習的管道，學生的接受度頗高，對於目前新世代的學生，在使用上並未有太多操作上的問題。

（二）學習傾向度

學習傾向度構面量測分數3.31分，其項下包含了學習成就感、是否支持學校實施線上與遠距教學2個構面，其得分各為3.22分、3.39分。分析二者之差異，發現是否支持學校實施線上與遠距教學得分顯著高於學習成就感（$t = 10.742, p < .001$）。

依學習成就感構面，4個題項的分數位於2.95~3.41，本構面題項得分較高者為「課程每週進度安排，易於掌握學習」（3.41），「和實體課程相比，學習成效較好」（2.95）則分數為低。

三、線上與遠距課程學習樣態

為瞭解不同成績族群學生之學習態度與傾向，本研究擬以班級排名百分比將學生分群，以前一學期在籍之學生「班級排名百分比」作為研究勾稽項目，劃分班級排名百分比前1/3學生為「高分群」計有544人（占50%）；班級排名百分比後1/3學生為「低分群」計有221人（占20.31%）；介於兩者中間為「中分群」計有323人（占29.69%）。

（一）易用性

依群集劃分，高分群學生於本構面平均分數為3.87，中分群學生為3.87，低分群學生為4.02，為利於瞭解，沿用本研究量表數值分析，三集群學生均落於中高標，以低分群學生分數是最高的。本構面利用Levene檢定判定變異數是否具有同質性，其結果為並無顯著差異，經變異數分析檢定（F = 3.499，p = .031）並進行Scheffe法事後比較，分析結果發現顯著性差異存在於高分群學生與低分群學生兩組之間。

（二）多元互動性

本構面高分群學生平均分數為3.62，中分群學生為3.68，低分群學生為3.87，沿用本研究量表數值分析，三集群學生均落於中高標，本構面以低分群學生分數為最高。利用Levene檢定判定變異數是否具有同質性，其結果為並無顯著差異，經變異數分析檢定（F = 6.928，p = .001）並進行Scheffe法事後比較，分析結果發現低分群學生分別與高分群、中分群學生有著顯著性差異存在。

（三）學習成就感

本構面高分群、中分群及低分群學生分數各別為3.17分、3.39分及3.62分，其中「低分群學生」分數為高，達到中高標；高分群學生和中分群學生，則位屬於中標水平。以Levene檢定判定變異數是否具有同質性，其結果為並無顯著差異，經變異數分析檢定（F=12.869，p = .000）並達以Scheffe法事後比較，分析結果顯示高分群學生分別與中分群、低分群學生存在著顯著性差異。

（四）是否支持學校實施線上與遠距教學

於本構面中，高分群學生平均分數為3.38，中分群學生為3.57，低分群學生為3.77，以低分群學生分數最高；同時沿用本研究量表數值分析，低分群學生、中分群學生達到中高標水平，高分群學生則位於中標。本構面另以Levene檢定判定變異數是否具有同質性，結果為無顯著差異，經變異數分析檢定（$F = 10.184$，$p = .000$）並以Scheffe法事後比較，結果顯示高分群學生與中分群、低分群學生分別存在有顯著性差異。

調查結果顯示，低分群學生在易用性、多元互動性、學習成就感和支持線上與遠距教學的得分皆顯著高於高分群學生。群集檢定結果如表1。

表1　群集描述性統計與事後多重比較檢定

群集（人數）	平均得分（標準差）顯著性	各項構面			
		易用性	多元互動性	學習成就感	是否支持學校實施線上與遠距教學
高分族群（n=544）	平均得分（標準差）	3.87（0.73）	3.62（0.81）	3.17（1.16）	3.38（1.11）
	與中分族群顯著性	1.000	.650	.024*	.047*
	與低分族群顯著性	.045*	.001*	.000*	.000*
中分族群（n=323）	平均得分（標準差）	3.87（0.76）	3.68（0.83）	3.39（1.13）	3.57（1.11）
	與高分族群顯著性	1.000	.650	.024*	.047*
	與低分族群顯著性	.073	.031*	.071	.135
低分族群（n=221）	平均得分（標準差）	4.02（0.82）	3.87（0.85）	3.62（1.19）	3.77（1.11）
	與高分族群顯著性	.045*	.001*	.000*	.000*
	與中分族群顯著性	.073	.031*	.071	.135

*$p < .05$

四、背景屬性於線上與遠距課程學習上之差異

為瞭解不同「背景屬性」（包括性別、學制、學院、年級、戶籍地區）的學生在各項學習構面之差異情形，本研究採取單因子變異數分析進行檢定。檢定結果分述如下。

（一）不同性別、不同戶籍區域的學生分別於「易用性」、「多元互動性」、「學習成就感」及「是否支持學校實施線上與遠距教學」構面檢定皆未達顯著水準（$p > .05$），表示不同性別、不同區域的學生在分數上無顯著差異存在。

（二）不同學制的學生於「易用性」、「多元互動性」、「學習成就感」及「是否支持學校實施線上與遠距教學」構面的t檢定皆達到統計顯著（$p < .05$），表示不同學制的學生是有顯著性的差異存在，且進修學制學生的分數皆為顯著高於日間學制，顯示進修學制學生不論在遠距教學易用性、互動性、學習成效的接受度較日間學制學生高。

（三）不同學院的學生於「易用性」、「多元互動性」、「學習成就感」及「是否支持學校實施線上與遠距教學」構面的F檢定皆達顯著水準，表示不同學院的學生有著顯性的差異存在。其中管理學院的學生除「易用性」構面外，皆高於設計學院的學生分數；在各項學習構面，商學與資訊學院的學生分數均高於設計學院的學生分數。研究結果發現設計學院因有許多課程以實務操作為主，學生普遍認為以線上與遠距進行教學對於課程的學習成效有限，設計學院的學生普遍認為實體面授互動課程之學習成效較佳。

（四）不同年級的學生於「易用性」、「多元互動性」、「學習成就感」及「是否支持學校實施線上與遠距教學」構面的F檢定皆達顯著水準，表示不同年級的學生有著顯性的差異存

在。研究結果顯示，三年級的學生在「多元互動性」和「學習成就感」構面高於二年級；在各項學習構面中，三年級的學生分數均高於一年級的學生分數，四年級的學生分數亦均高於一、二年級的學生分數。根據研究結果推測，由於大一、大二學生課程多為必修課程，在學習上偏好實體教學；相較於大三、大四的學生，課程多為選修，在學習上較能接受線上與遠距教學。不同背景屬性於線上與遠距課程學習上之差異檢定結果如表2。

表2　不同背景屬性在學習上之差異與檢定分析

	學制	學院	年級
易用性	2>1	4>2	3>1，4>1、2
多元互動性	2>1	3>2，4>2	3>1、2，4>1、2
學習成就感	2>1	3>2，4>2	3>1、2，4>2>1
是否支持學校實施線上與遠距教學	2>1	3>2，4>2	3>1，4>2>1

註：事後比較背景屬性說明如下：學制：「1」日間學制，「2」進修學制；學院：「1」民生學院，「2」設計學院，「3」管理學院，「4」商學與資訊學院，「5」文化與創意學院；年級：「1」一年級，「2」二年級，「3」三年級，「4」四年級。

五、討論

自2021年5月受到疫情影響，S校暫停實體教學，至2021年10月逐漸恢復實體授課為止，許多師生都是第一次經歷線上與遠距教學的上課模式。為瞭解改變學習型態後的教學情形，本研究分別以易用性、多元互動性、學習成就感、是否支持學校實施線上與遠距教學等四大構面，針對大學部學生進行問卷調查，試圖瞭解教學模式的轉變是否能被學生所接受。根據本次調查的結果，受測者主要以使用筆記型電腦和手機做為其學習載具，儘管如此，學生仍較偏好實體上課之方式；究其原因，雖然線上教學具有突破時空限制的優點，並可提供持續學習的管道，但學生並未強烈認同線上教學可以透過科技提供更多的師生互動，或許是師生於過程中彼此都尚未熟悉線上教學的模式，調查結果普遍認為線上教學較缺乏與老師或同儕進行互動的機會。

本研究也發現，低分群學生在四大構面問題上得分皆顯著高於高分群學生、進修學制學生也在這些問題的得分上高於日間學制的學生。究其原因，本研究認為是受測者會對於課程內容品質做考量，此部分與Weldy研究雷同，易言之，低分群學生或許在線上課程的受益相對較高分群多，無論是易用、多元互動或學習成就感等，特別是學習成就感部分。另外，課程本身的屬性也會影響學生的接受度，例如：高年級學生課程多為選修，在學習上較能接受線上與遠距教學，又或以實務操作為主的課程，學生普遍認為實體面授互動課程之學習成效較佳。

此外，在不同性別和不同地域的學生在各項問題的得分上並無顯著差異存在。探其原因，除本研究大部份學生來自台灣北部所接受的訊息管道較為暢通外，主要因素乃目前大學生屬「數位原生（Digital Native）」世代（Prensky, 2001），對於網際網路、科技新興數位產品均已在成長過程中融入其生活日常，不再因初次接觸而感到陌生，因此在大學生族群數位落差的情形已不具明顯。

伍、結論與建議

本研究針對S大學在第一次經歷全面線上與遠距教學的實施情形進行調查，調查結果顯示學生在實施遠距教學期間以在「家裡」上網比例為最高，多以「筆記型電腦」為連線之載具，同時「Google Meet」應用程式是主要進行線上教學的平台，而線上教學的易用性顯著高於線上教學的多元互動性。此外，本研究按不同成績集群學生比較學習態度和傾向是否存在著顯著性差異，研究發現高分群學生在各項學習構面皆與低分群學生有著顯著性差異且分數為低之情形。此外，本研究也針對不同學制、學院、年級的學生的學習反應進行探討，研究結果發現不同背景變項的學生其學習反應有著差異情形，進修學制學生的分數高於日間學制學生；非設計學院學生普遍分數皆高於設計學院；大三、大四學生分數高於大一、大二學生。

透過本研究調查實證，建議未來教師若要續推線上遠距教學前應構思「以學生為主體」的課程教學設計，提供學生能實際參與課程討論機會，進而激發學生學習動機，利於線上進行師生雙向互動（Loeb, 2020）。由於本研究主要以量化意見依歸，建議未來後續研究者可結合質性訪談方式加以探究，瞭解研究對象對於線上與遠距課程之相關意見，於此得到更多資訊，呈現多元面貌，增添研究廣度。

參考文獻

吳明隆（2011）。SPSS統計應用學習實務：問卷分析與應用統計。臺北：易習圖書。

吳明隆、涂金堂（2010）。SPSS與統計應用分析。臺北：五南圖書。

汪書宇（2021）。遠距教學－主體是誰之淺談。臺灣教育評論月刊，10（6），55-60。

張世忠（2003）。從建構取向觀點探討一門非同步教學課程之行動研究。中原學報，31（4），391-402。

張金堅、許辰陽、賴昭智、許文峰、廖思涵、林世斌、陳秀熙（2020）。新冠肺炎（COVID-19）的免疫學探討。臺灣醫界，63，13-26。

陳昭珍、徐芝君、洪喜龢、胡衍南（2021）。COVID-19下臺師大的遠距教學經驗與省思。當代教育研究季刊，29，1-23。

陳孟筵、何淑賢、吳欣治、姜忠信（2020）。訓練家長成為自閉症兒童介入方案的執行者：從現場教學到遠距教學的回顧與前瞻。中華心理衛生學刊，33（3），219-245。
葉定國、田光祐（2021）。探討軍校學生在疫情時期實施遠距教學之效益與滿意度－以「大陸問題研究課程」為例。高醫通識教育學報，16，28-66。
葉建宏、葉貞妮（2020）。COVID-19疫情下的遠距教育教學策略探討。臺灣教育評論月刊，9（11），145-149。
楊奕農、柴蕙質（2002）。非同步網路學習成效及影響因素之計量分析：經濟學課程個案研究。科學教育學刊，10（2），193-210。
謝傳崇、陳詩喬、謝宜君（2017）。國民小學教師正向領導、學校ICT運用與學生創造力傾向關係之研究。教育行政論壇，9（1），1-27。
謝璨宇（2020）。探討遠距教學的利與弊。元智電子報。http://web2.yzu.edu.tw/e_news/342/student/01.htm
羅方吟、陳政煥（2021）。COVID-19疫情下同步與非同步資訊科技輔助的大學遠距英語文教學。當代教育研究季刊，29，69-114。
Aristovnik, A., Keržič, D., Ravšelj, D., Tomaževič, N., & Umek, L. (2020). Impacts of the COVID-19 pandemic on life of higher education students: A global perspective. *Sustainability, 12*(20), 8438.
Bączek, M., Zagańczyk-Bączek, M., Szpringer, M., Jaroszyński, A., & Wożakowska-Kapłon, B. (2021). Students' perception of online learning during the COVID-19 pandemic: A survey study of Polish medical students. *Medicine, 100*(7) : e24821.
Bender, T. (2013). Discussion-Based Online Teaching to Enhance Student Learning: Theory, Practice and Assessment. Sterling, Virginia: Stylus Publishing.
Bijeesh, N. A. (2017). Advantages and disadvantages of distance learning. Retrieved from http://ijreeonline.com/files/site1/user_files_68bcd6/sadeghi92-A-10-156-1-48ab29c. pdf
Brown, M. (2015). Six trajectories for digital technology in higher education. *EDUCAUSE Review, 50*(4), 17-28.
Di Xu & Shanna Smith Jaggars (2013). The impact of online learning on students' course outcomes: Evidence from a large community and technical college system. *Economics of Education Review ,37,* 46-57.
Hair, J. F., Black, W. C., Babin, B. J., Anderson, R. E. & Tatham, R. L. (2006).

Multivariate Data Analysis (*6th ed*). Upper Saddle River, NJ: Pearson University Press.

Hastie, M., Hung., I., Chen, N., Kinshuk. (2010). A blended synchronous learning model for educational international collaboration. *Innovations in Education and Teaching International, 47*(1), 9-24.

Joosten, T., Cusatis, R., & Harness, L. (2018). Research innovation in distance education. *Planning for Higher Education, 46*(3), 8-17.

Kaiser, H. F. (1958). The varimax criterion for analytic rotation in factor analysis. *Psychometrika, 23,* 187-200.

Kaiser, H. F. (1974). An index of factorical simplicity. *Psychometrica, 39,* 31-36.

Liguori,E. & Winkler,C.(2020).From Offline to Online: Challenges and Opportunities for Entrepreneurship Education Following the COVID-19 Pandemic. *Entrepreneurship Education and Pedagogy.*

Luo, T., Sickel, J., & Cheng, L. (2017). Preservice teachers' participation and perceptions of Twitter live chats as personal learning networks. *Techtrends, 61*(3), 226-235.

Özer, M (2020). The Contribution of the Strengthened Capacity of Vocational Education and Training System in Turkey to the Fight against Covid-19. *Yüksekögretim Dergisi, 10,* 134-140.

Prensky, M. (2001). Digital natives, digital immigrants. *On the Horizon, 9*(5), 1-6.

Raes, A., Vanneste, P., Pieters, M., Windey, I., Van Den Noortgate, W., & Depaepe, F. (2020). Learning and Instruction in the Hybrid Virtual Classroom: An Investigation of Students' Engagement and the Effect of Quizzes. *Computers & Education, 143,* Article ID: 103682

Trisanti, T., Alsolami, B. M., Kusumawati, H., & Primandaru, N. (2021). Determining factors affected online learning satisfaction: An empirical study in Indonesia during pandemic COVID-19 period. *International Journal of Multidisciplinary and Current Educational Research, 3*(1), 334-343.

UNESCO (2020). How Are Countries Addressing the COVID-19 Challenges in Education? A Snapshot of Policy Measures. Global Education Monitoring Reports. United Nations Educational, Scientific and Cultural Organization: Paris,

France.

Weldy, T. G. (2018). Traditional, Blended, or Online: Business Student Preferences and Experience with Different Course Formats. *e-Journal of Business Education & Scholarship of Teaching, 12*(2), 55-62.

World Population Review (2019). *Fertility rate by country 2019.* Retrieved from http://worldpopulationreview.com/countries/total-fertility-rate/

Xiong, W., Mok, K. H., & Jiang, J. (2020). *Hong Kong University Students' Online Learning Experiences under the COVID-19 Pandemic.* Oxford, UK: Higher Education Policy Institute.

Zahwa, I., Saptono, S., Dewi, P. (2020). The interrelation among course mastery, technology integration self-efficacy, and technological pedagogical content knowledge (TPACK) of prospective science teachers. *Journal of Innovative Science Education, 10*(1), 109-116.

Zhang W, Wang Y, Yang L, Wang C. (2020). Suspending classes without stopping learning: China's education emergency management policy in the COVID-19 outbreak. *Journal of Risk and Financial Management, 13*(55), 2-6.

國家圖書館出版品預行編目

轉動校務研究：擘劃未來人才培育 / 林鴻銘, 魏彗娟主編. -- 新竹市：臺灣校務研究專業協會, 2024.04
面； 公分
ISBN 978-626-96614-2-8(平裝)

1.CST: 高等教育 2.CST: 學校行政 3.CST: 學校管理

525.6 113003541

轉動校務研究
——擘劃未來人才培育

主　　編／林鴻銘、魏彗娟
出　　版／臺灣校務研究專業協會
地址：新竹市大學路1001號工程五館542室
電話：(03)5712121#50188
製作銷售／秀威資訊科技股份有限公司
114 台北市內湖區瑞光路76巷69號2樓
電話：+886-2-2796-3638
傳真：+886-2-2796-1377
網路訂購／秀威書店：https://store.showwe.tw
博客來網路書店：https://www.books.com.tw
三民網路書店：https://www.m.sanmin.com.tw
讀冊生活：https://www.taaze.tw

出版日期／2024年4月　　**定價**／300元